SIE

HATTEN

KEINE

TRÄNEN

MEHR!

Einführung:

Sie hatten keine Tränen mehr!

Dieses Taschenbuch soll dazu beitragen, dass wir an dem, was in unserer Welt, vor allem an Kindern, geschieht, nicht unachtsam vorbeischauen. Denn auch in unserer Zeit gibt es gute und schlechte Menschen.

Leider wurden Kinder vor über 50 Jahren als Lügner hingestellt, wenn sie sich über Misshandlungen und Missbrauch beklagten, und sie hatten keine Möglichkeit sich zur Wehr zu setzen. Sie waren ja nur Kinder, die ohne Eltern aufwachsen mussten. Deshalb waren sie Frischfleisch für *Perverse.*

Heute werden unzüchtige Menschen hart bestraft, was auch richtig ist. Nur, wir müssen in die Kinderaugen sehen und erfragen, was hinter ihrem traurigen Blick steckt; sonst wird sich gar nichts ändern.

Früher wurden alle Misshandlungen und Missbräuche an Kindern unter den Teppich gekehrt, und niemand hatte auch nur die leiseste Ahnung, was hinter den „dicken Mauern" eines Heims alles passierte; den meisten Leuten war das auch egal.

Ich möchte ja auch daran glauben können, dass man hinter dicken Klostermauern gut aufgehoben ist, aber was da mit elternlosen Kindern von Seiten der Geistlichkeit passiert ist, muss als abscheuliche Misshandlung beschrieben werden. Und diese "Waisenkinder" hatten keine Möglichkeit, aus diesem Teufelskreis auszubrechen oder sich zu wehren.

Wie ich im Buch berichte, hat sich damals nicht einmal die Polizei die Mühe gemacht nachzuforschen, ob die Aussagen der Kinder der Wahrheit entsprachen.

7

Die Geschichte eines missbrauchten Jungen

Im Herbst 1955, Max war gerade erst sechs Monate alt, legte ihn seine Mutter einfach beim Oberbauern Hans in Kreut vor die Haustür, ohne mit dem Bauern zu sprechen. Sie hatte nur einen Zettel beigelegt mit der Bitte, er möge den Jungen behalten, denn sie könnte ihn nicht zur Arbeit mitnehmen. Sie würde für das Aufziehen des Kindes schon bezahlen.

Der Oberbauer fand das Kind und machte sich gleich auf den Weg um herauszufinden, von wem dieses Kind sei. Nach längerer Suche gelang es ihm endlich, die Mutter ausfindig zu machen, und diese soll ihm dann gebeichtet haben, sie könne mit bestem Willen nicht auf ihr Kind aufpassen, und deswegen habe sie gedacht, er werde schon für das Kind sorgen, er habe ja auch noch

9

andere Kinder großgezogen.

Gesagt getan: die beiden erledigten den ganzen Papierkram, und so kam der Max bei dem Bauern unter und wurde dort aufgezogen.

An die ersten dreieinhalb Jahre kann sich Max kaum erinnern, aber wenn er darüber nachdenkt, kann das auch keine schöne Zeit gewesen sein. "Die Zeiten sind nicht so gut", hörte er die Bauersleute sagen, und so gab es auch nie etwas wirklich Gutes zum Essen. Aber so schlecht konnten die Zeiten auch nicht gewesen sein, denn jedes Mal, wenn ein Pater oder ein anderer Priester in der Tür stand, gab es Speck, Käse, Wurst, frisches weißes Brot und Wein zuhauf, was die Kinder überhaupt nicht verstehen konnten, denn sie bekamen von alle dem nie etwas auch nur zu kosten.

Im Haus gab es kein fließendes Wasser; deshalb mussten es die Kinder im Winter wie im Sommer mit Blechkannen vom Brunnen außerhalb des Hauses holen. Zum Abwaschen mussten sie auch zum Brunnen hinaus, was im Sommer nicht so schlimm war; man kann sich aber denken, wie das im Winter in den Alpen auf 1400 Höhenmetern war, besonders wenn es schneite oder eisig kalt war. Einmal in der Woche wurde in einer Holzwanne, dem „Zuber" gebadet. Alle Kinder mussten in denselben Zuber steigen, was besonders für den Letzten schlimm war, denn da war das Wasser bereits kalt geworden, und meistens traf es den Max als Letzten.

Jeden Sonntag mussten die Kinder zur Frühmesse laufen: das hieß um vier Uhr aufstehen, denn die Kirche war fast zwei Stunden Fußmarsch von ihrem Haus entfernt, und wehe dem, der zu spät kam, der bekam sein Versäumnis in der Schule sowie zuhause zu spüren.

Max erinnert sich, einmal zu Weihnachten einen Plüschaffen bekommen zu haben, den man aufziehen konnte. Dieser Affe war aber schon ein paar Tage nach Weihnachten verschwunden. Max suchte ihn im ganzen Haus und auch im frisch verschneiten Hof, fand ihn aber nicht. Der Ziehvater schimpfte ihn: "Dass du auch alles verlieren musst!" Doch Max wusste, dass er den Affen gar nicht verloren haben konnte, denn der war immer in seinem Bett, und er hatte ihn nie aus seinem Schlafzimmer zum Spielen mitgenommen. Der Affe tauchte dann ein Jahr später zu Weihnachten bei den Geschenken für eines seiner Ziehgeschwister wieder auf. Max erkannte ihn sofort und sagte: "Das ist meiner!" So gab es wieder einmal Streit zwischen den Kindern. Die Bäuerin sagte zu Max, pass auf, du hast deinen ja im letzten Jahr verloren, also was willst du! Auch der Bauer wollte nicht auf Max hören. Er sagte nur: "Wenn du nicht aufhörst zu behaupten, es sei dein Geschenk, dann gibt es was hinter die Ohren. Und ich nehme dir auch noch dein Geschenk." Doch Max konnte es nicht lassen zu behaupten, dass das sein Geschenk vom vorherigen Weihnachten war. Der Streit endete mit einer Tracht Prügel für Max, und seine für dieses Weihnachten bestimmten Geschenke waren auch weg.

Etwas Gutes hatte die Weihnachtszeit aber doch, denn man musste nicht zur Schule gehen, und es gab Mohnkrapfen, die Max sehr gerne mochte.

Zum sechsten Geburtstag 1961 bekam Max ein Paar neue Schuhe, weil er im Herbst eingeschult werden sollte. Es waren seine ersten neuen Schuhe, denn hisher hatte er immer die gebrauchten anziehen müssen, die seinem älteren Ziehbruder zu klein geworden waren. Leider hat Max die schönen Schuhe im Frühsommer beim Vieh hüten ausgezogen, irgendwo auf eine Steinmauer gestellt und nicht mehr gefunden. So musste er den ganzen Sommer, was ja nicht so schlimm war, barfuß gehen. Schlimm wurde es aber im Winter, denn er hatte die Schuhe immer noch nicht gefunden. Deshalb musste er auch im Winter barfuß zur Schule laufen, bis er einmal seinem zukünftigen Firmpaten begegnete. Der hatte Mitleid mit Max und schenkte ihm ein Paar alte Schuhe von einem seiner Söhne. Der Firmpate kam dann auch am Nachmittag zum Oberbauern und sagte, sie könnten den Max doch nicht mitten im Winter barfuß zur Schule laufen lassen. Sobald der Pate gegangen war, schrie die Oberbäuerin: "Was glaubst du denn, wer du bist, dass du uns hier schlecht machen willst!" Dabei schlug sie ihm direkt ins Gesicht, so dass er starkes Nasenbluten bekam. "Jetzt gehst du in die Scheune und hackst das ganze Futter klein, das wir heute den Kühen zum Fressen geben müssen." Max konnte nicht verstehen, wieso er eine solche Strafe bekam. Er hatte ja niemandem etwas gesagt oder gar geklagt. Die Schuhe fand er dann im darauffolgenden Frühjar wieder aber zu seinem Leidwesen waren diese nicht mehr brauchbar.

Leider gibt es mehr Erinnerungen, die mit der Erziehung eines Kindes nichts zu tun haben. Zum Beispiel, wenn es im Winter zu viel schneite, mussten die jüngeren Ziehkinder auf das Hausdach steigen und den Schnee herunterschaufeln, weil sie mit ihren fünf bis acht Jahren noch nicht so schwer waren. Ansonsten hätte die Gefahr bestanden, dass das Dach einbrechen könnte, denn für große Leute war das Schindeldach zu schwach. Im Sommer mussten die Kinder Heu tragen, was eigentlich die Arbeit der Erwachsenen gewesen wäre. Sie waren auch verpflichtet, jeden Tag in aller Herrgottsfrühe den Stall auszumisten. Denn das Essen und den Schlafplatz musste man sich schon verdienen!, obwohl die Eltern der Kinder für das Aufziehen, das Essen und den Schlafplatz immer bezahlen mussten. Wenn Max für diese Arbeiten etws länger brauchte, gab es kein Frühstück, sonst wäre er zu spät zur Schule gekommen, denn der Schulweg war weit: man brauchte zu Fuß nahezu eineinhalb Stunden.

Für Max war es keine schöne Kindheit, außer wenn er mit seinem Ziehbruder spielen durfte, was leider sehr selten war. So kann er sich auch kaum an schöne Tage erinnern. Wie es beim Oberbauern zuging, wusste im Dorf ja jeder. Die anderen zwei Ziehkinder waren ein bis zwei Jahre jünger und hatten genauso wie der Max keine Eltern, die sie haben mochten. Wenn, wie bei Kindern üblich, gespielt oder auch manchmal gerauft wurde und etwas zu Bruch ging oder etwas fehlte, war natürlich der Max schuld, denn die Kleinen konnten doch nichts kaputt machen! Einmal so kann sich Max erinnern fand er in einer Ritze des Stubenbodens ein kleines Geldstück das er leider zum Kauf für Murmeln ausgab anstatt dem Bauern zu geben. So wurde er wieder einmal Windelweich geprügelt. Ja er hatte es ja verstanden dass es falsch war das Geld zu behalten, aber er bekam ja sonst nie etwas zum spielen, so dachte er sich eine Lüge aus diese war aber so schlecht dass die Bauersleut es sofort bemerkten.

Im November 1962 war Max im zweiten Schuljahr. Er erinnert sich nur an die vielen Schläge, das schlechte Essen und die viele Arbeit. Und es kam noch schlimmer für Max. Die Mitschüler neckten ihn täglich, denn er war ja keiner vom Dorf, sondern ein Angenommener, und die wollte man nicht neben sich. Auch die Lehrer mochten ihn kaum, und das brachte ihm schlechte Noten ein, was sich zuhause wiederum negativ für ihn auswirkte, und so drehte sich das Rad immer und immer weiter, alle schienen sich gegen Max verschworen zu haben.

Der Bauer hatte auch vier eigene Kinder, mit denen Max, außer mit dem kleinen Hans, dem einzigen Sohn des Bauern, überhaupt nicht zurechtkam, denn sie mochten ihn nicht und sagten immer wieder: „Was willst du, Scheißer, bist ja ein Nichts, hast nicht mal eine Mutter, die dich haben will! Geh weg du Nichtsnutz!" Immer wenn Max mit dem kleinen Hans spielte und es zu einer kleinen Rauferei kam, wie es unter Kindern halt so geschieht, und sich der kleine Hans nicht wehren konnte und zu weinen anfing, obwohl er drei Jahre älter war als Max, bekam Max wieder die üblichen Schläge, die er fast schon gewohnt war. Beim Oberbauern hatte man auser den Max auch noch vier andere Kinder angenommen, denn dafür bekamen sie ja auch Geld. Eines Tages Max war am nach Hauseweg hielt ihn der Kramer Jaggl, er war der Besitzer des kleinen Dorfladens,an und erzählte ihm, seine Mutter ware zum Oberbauern gekommen um ihn abzuholen: sie wolle ihn jetzt zu sich nach

Hause mitnehmen. Max sagte zum Jaggl, dass das nicht möglich sei, denn seine Eltern wären ja der Oberbauer und seine Frau! Aber der Jaggl meinte nur: "Du bist nicht ein Kind vom Oberbauern, du bist da nur aufgezogen worden." Erst jetzt machte man den Max darauf aufmerksam, dass diese Leute nicht seine richtigen Eltern waren.

Und kurze Zeit später standen wirklich eine sehr große Frau und ein älterer Mann vor ihm, die ihn mitnehmen wollten. Aber Max wollte mit diesen fremden Menschen nicht mitgehen, und auch die alte Mutter des Oberbauern wollte das nicht, denn sie wusste ja nicht, dass die Oberbäuerin mit der Mutter von Max schon schriftlich ausgemacht hatte, dass sie den Max abholen solle. Die Mutter des Oberbauern fragte nur: "Wer sind Sie denn? Ich kenne sie nicht. Sie können doch nicht einfach hier herkommen und eines unserer Kinder mitnehmen." Die große Frau

19

antwortete: "Ich bin seine Mutter, und ich nehme den Max jetzt mit, ob er will oder nicht." Max wehrte sich mit Händen und Füssen dagegen, denn er kannte diese Frau gar nicht, die ihn da mitnehmen wollte: er hatte sie ja noch nie gesehen.

Max wäre besser mit dieser Frau mitgegangen, denn kaum kamen der Oberbauer und seine Gattin vom Einkaufen in der Stadt nach Hause, schrien sie ihn an: "Wieso bist du noch da? Ist deine Mutter nicht da gewesen um dich abzuholen?" Max antwortete: "Aber ich kenne diese Frau doch nicht. Ihr habt mir ja gesagt, geh mit niemanden mit, den du nicht kennst. Wieso hätte ich dann jetzt mit dieser Frau mitgehen sollen? Eure Mutter hat auch gesagt, ich solle hier bleiben." Sie nahmen ihn bei den Ohren, schleppten ihn in die Stube und schlugen ihn windelweich, was Max überhaupt nicht verstehen konnte. Auch die Mutter des Oberbauern meinte: "Wieso gebt ihr denn dem Max Schläge, er hat ja nichts Falsches gemacht. Was hätte er denn tun sollen? Wir kannten beide diese Frau nicht. Und ihr habt mir ja auch nicht gesagt, dass seine Mutter kommen würde, um ihn abzuholen."

"Das geht dich gar nichts an!", sagte mit schriller Stimme die Bäuerin, "Er hätte einfach mitgehen sollen, dieser Hosenscheißer! Wir bekommen ja kein Geld mehr für ihn, weil seine Mutter nicht mehr bezahlen will, und wir haben keine Lust und auch nicht die Mittel, einen Taugenichts durchzufüttern und für ihn auch noch die Wäsche und die ganzen Schulsachen zu kaufen."

Der nächste Tag war für Max einer der schlimmsten Tage in seinem noch so kurzen Leben. Er kam gerade aus der Schule, als ihm die Bäuerin befahl: „Pack deine sieben Zwetschgen, denn morgen bringe ich dich zu deiner Mutter, du Hosenscheißer." Gesagt, getan: am nächsten Tag ging sie mit ihm zum
21

Linienbus, und sie fuhren damit in die Stadt, und von da aus mit einem anderen Bus in ein kleines Dorf, wo sie zu einer Tante von Max gingen. Doch was für ein Schreck! Die Frau, die zum Oberbauern gekommen war, seine Mutter, war gar nicht mehr da und hatte zu guter Letzt auch noch die Nachricht hinterlassen, die Bäuerin solle mit dem Max doch machen, was sie wolle, wenn sie den Max nicht mehr haben wolle, solle sie ihn doch in ein Heim stecken, denn sie würde ihn auf keinen Fall mehr bei sich aufnehmen, sie lasse sich von so einem kleinen Dreckskerl nicht den Tag versauen, sie sei so weit gefahren, um den Buben abzuholen und mit nach Hause zu nehmen, und dieser will nicht! Dann solle er doch hingehen, wo der Pfeffer wächst!

23

Und so geschah Ende November 1962, was geschehen musste: zum zweiten Mal an diesem, in seiner Erinnerung schlechtesten Tag seines Lebens, kam es für ihn noch knüppeldicker, denn die Oberbäuerin brachte den kleinen Max in die Stadt in ein Schülerheim, das von Ordenspriestern und Nonnen betrieben wurde.

Das Heim war ein sehr großes Gebäude mit vier Stockwerken und sehr vielen großen Fenstern. Sie gingen hinein, und da kam ihnen auch schon ein Pater entgegen und fragte, was oder wen sie suchten. Die Oberbäuerin antwortete, sie müsse den Max hier lassen, denn sie könnte ihn nicht mehr behalten und habe auch schon alle Papiere für die Schule und die anderen Angelegenheiten mit. Erinnern kann sich Max noch, wie der Pater sagte: "Hallo, mein Lieber! Hast du außer diesem schäbigen Gewand nichts zum Anziehen? Ist das alles, was du hast?" "Ja", sagte Max. Und die Bäuerin meinte: "Das hat bis jetzt auch gereicht, dann wird es wohl auch für das Heim gut genug sein." "Da müssen wir schnellstens etwas machen", meinte der Pater, denn mit solchen Sachen kann der Max hier nicht in die Schule gehen." Es stimmt: Max hatte sehr wenig mitgebracht: ein paar alte Schuhe, zwei Unterhosen sowie zwei Hemden, einen alten Pullover und ein paar alte ganz schäbige Hosen, denn die besseren hatte er an. Den Rest seiner Kleidung musste er ja beim Oberbauern lassen, denn, wie die Bäuerin sagte, brauchten die Kleinen seine Wäsche, sie, die Oberbauern, hätten ja nicht immer Geld genug, für die anderen Kinder etwas Neues zu kaufen. Er, Max, würde wohl neue Anziehsachen bekommen, wenn er mal bei seiner Mutter sei.

Der Pater brachte Max zum Direktor des Heimes. "So ein lieber Bub!", waren die ersten Worte, die er vom Pater Direktor hörte, und leider ein Leben lang nicht mehr vergessen würde. Während der Pater das sagte, streichelte er den Max durch das kurz geschorene Haar. Schon damals gruselte es ihn. Er verstand nicht, erstens wieso dieser Pater ihn so abtatschte und zweitens, wieso er in diesem Heim bleiben musste. Hier fing sein entsetzlicher Leidensweg an.

"So, mein Lieber", sagte der Direktor, jetzt gehen wir zu deiner Gruppe in das andere Haus." Da war noch ein großes Haus mit vier Stockwerken. "Da wirst du deine „Schwester" so nannten sich die Nonnen, kennenlernen. Wie, meine Schwester? dachte sich Max, ist die auch da? Aber ich habe doch keine Schwester, zumindest kenne ich keine. Auf dem Weg dorthin mussten sie eine Straße überqueren, und anstatt ihm die Hand zu geben um ihn sicher über die Straße zu bringen, betatschte ihn der Pater schon wieder. In der Gruppe angekommen, sagte der Pater zur Nonne: "So, das ist unser Neuling. Er heißt Maximilian, und die Nonne sogleich: "Na, ist das nicht ein hübsches
26

Kerlchen?", worauf der Pater prompt antwortete: „Ja, mit dem werden wir noch unsere Freude haben." Max verstand das alles nicht und fragte sich: Wieso Freude???

"Komm mit, Kleiner", sagte die Nonne. Wir gehen jetzt mal schön baden, denn du riechst ganz stark nach Stall und Kühen. Nachher wirst du die Bekanntschaft mit all deinen Vorgesetzten machen, wenn ich dich bei den Patern und Schwestern vorstelle." Sie badete

27

ihn und rieb dabei wie eine Wahnsinnige an ihm herum. Was soll das? dachte sich Max. Er hat sich sein Leben lang selbst abwaschen müssen; wieso reibt die da bei ihm herum, als käme er aus einer Jauchegrube, und wieso schüttet sie das ganze weiße Pulver über ihn? Dieses Pulver kannte er nicht. "So, jetzt riechst du gut, und bist noch hübscher, als ich mir gedacht hatte", sagte die Nonne. Da habe ich auch noch schöne Kleider für dich, damit du ja hübsch und sauber aussiehst, wenn ich dich den Patern vorstelle." Sie gab ihm ein nagelneues Hemd, eine schöne Hose und einen Pullover, auch ein paar neue Turnschuhe bekam er. So schöne Sachen hatte er noch nie bekommen. Er dachte, endlich habe ich etwas, das mir gehört und neu ist, und ich muss nicht mehr die alten Sachen von meinem Ziebruder anziehen, wenn er daraus herausgewachsen ist. Die Nonne sagte zu Max : "Dass du aber ja auf die Kleider gut aufpasst, denn das sind deine Sonntagskleider, für die Wochentage hast du andere Kleider in deinem Spind." Max dachte sich, wieso musste ich dann diese Kleider an einem Wochentag anziehen, wenn sie für die Sonntage bestimmt sind, und was ist denn, ein Spind? Er hatte dieses Wort noch nie gehört. Beim Oberbauern hatten die Kinder ja auch für den Sonntag bessere Kleider als für die Wochentage. So gewaschen und gekleidet ging Max mit der Nonne den langen Gang hinunter. Am Ende des Ganges war rechts eine Tür mit der Aufschrift "Sekretariat", und sie gingen hinein.

Da standen sie nun alle, die Nonnen und die Pater. „So, mein Kleiner", sagte einer, „wie heißt du denn?" "Max", antwortete er. „Du willst wohl ´Maximilian´ sagen, nicht? „Nein", widersprach Max, denn er wurde immer nur mit diesem Namen gerufen. „Naja, nun gut, lassen wir das", sagte ein anderer. "So ein hübscher Junge", und auch der strich ihm durchs Haar. Wieder ein anderer meinte: "Ja, ein ganz hübsches Kerlchen."

Was haben die nur alle? dachte sich Max, in meinem ganzen Leben wurde ich nicht so oft gestreichelt wie heute. Es war ihm äußerst unangenehm.

Einer fragte, wieso er zu ihnen ins Heim gekommen sei, und Max antwortete: "Ich weiß es nicht, aber ich will auch nicht hier bleiben. Wo ist denn die Mutter?" Damit meinte er die Oberbäuerin. "Ich will wieder nach Hause!" Einer der Pater antwortete ihm: "Die Oberbauern wollen dich nicht mehr haben, weil deine echte Mutter nichts mehr für dich bezahlen will. Deshalb gehörst du nun zu uns, und musst hier bleiben und die Schule hier beenden." Max konnte und wollte das nicht verstehen und sagte: "Nein, nein, ich will nicht hier bleiben. Ich will wieder nach Hause!" Der Pater Direktor entgegnete ihm aber mit sehr strenger Stimme: "Du musst hier bleiben, du hast sonst niemanden mehr, der auf dich schaut.

30

Aber es wird dir hier gut gefallen. Du wirst schon sehen, hier sind viele andere Kinder, mit denen du spielen kannst, und die Nonnen sind auch sehr nett mit dir." Ein anderer Pater sagte zur Schwester, die ihn den Patern vorgestellt hatte: "Schwester, Sie können jetzt den Maximilian mitnehmen und ihm alles zeigen."

„So, mein Lieber", sagte die Nonne, "jetzt gehen wir auf das Stockwerk, wo dein Gruppenzimmer und dein Schlafplatz sind, und wo du deine Habseligkeiten verstauen kannst." Wieso Schlafplatz?,fragte sich Max. "Ich muss nach Hause, denn ich will dort die Schule fertig machen", sagte er, worauf ihn die Nonne ganz böse ansah und antwortete: "Lass den Blödsinn! Du musst jetzt hier bleiben, das hat dir doch der Pater Direktor gerade eben erklärt. Hast du nicht zugehört? Du musst hier die Schule zu Ende bringen, denn deine Zieheltern mögen dich nicht

mehr, und deine Mutter sowieso nicht."
Wieso denn nicht, was habe ich denn schon
wieder falsch gemacht?, dachte sich Max.

Sie gingen den langen Gang hinauf, wendeten
nach rechts, nahmen die Treppe und stiegen
zwei Stockwerke höher. Hier war wieder ein
langer Gang mit vielen Türen, und die Nonne
sagte: „Pass jetzt gut auf, was ich dir sage,

denn zweimal sage ich es dir nicht. Die dritte Tür rechts führt in dein Gruppenzimmer und die vierte in deinen Klassenraum; auf der linken Seite ist der Schlafraum, am Ende des Korridors sind die Bäder. Korridor, hä, was ist denn das? fragte sich Max. Dieses Wort hatte er auch noch nie gehört. "Alle anderen Türen führen in unsere Räume und sind nichts für dich. Hast du das verstanden?", fragte die Nonne mit sehr rauher und lauter Stimme. Schüchtern nickte Max, und schon kam es aus dem Mund der Nonne geschossen: „Wir nicken nicht, wenn wir gefragt werden, sondern wir antworten. Das sei dir die erste Lehre!" Und schon wieder dieses "Hast du das verstanden?" „Ja", antwortete Max, jetzt ein bisschen lauter und doch immer noch ganz verängstigt. „Gut, dann gehen wir jetzt in den Schlafraum." Sie öffnete die Tür, und was Max da sah, hätte er sich nicht einmal im Traum vorstellen können. Da waren rechts und links zwei lange Reihen von Betten. Er

33

wollte die Betten schon zählen, als die Nonne sagte: „So, das ist deines. Oberstes Gebot: Wie du siehst, sie sind alle aufgebettet, das machen bei uns die Kinder selbst. Ich werde dir das jetzt zeigen, und dann machst du es selber, aber ordentlich, verstanden? Denn: ist das Bett nicht ordentlich gemacht, musst du es noch einmal machen, und du bekommst noch dazu eine Strafe", verwarnte ihn die Nonne im Voraus. „Ja", sagte er, wie immer ganz eingeschüchtert. Darauf die Schwester: „Bitte? Ich hab es nicht gehört! Du musst es schon lauter sagen, sonst gibt es Strafe." „Ja", sagte Max, jetzt ein bisschen lauter. "Also, jetzt gebe ich dir die Bettlaken und eine Decke, dann zeige ich dir, wie du das Bett machen musst. "

Ohne ein weiteres Wort zu verlieren, ging sie in den Gang hinaus und kam wenig später mit einer Decke, zwei Bettlaken und einem Kopfkissen zurück, und sie zeigte ihm, wie das Bett zurecht gemacht wird. „Du?" Max wollte die Nonne noch etwas fragen, doch diese drehte sich wie eine Furie um, nahm ihn bei den Ohren und fauchte: "So spricht man keine Schwester an, man sagt: Bitte Schwester, und man sagt nicht einfach du zu ihr. Merke dir das! Was willst du überhaupt"? fragte sie. Völlig verwirrt entgegnete Max. "Wo kommen die Kleider hin?" „Hallo!", dröhnte es, "nicht so eilig! Ich wollte es dir gerade zeigen. Übrigens, deine stinkenden alten Fetzen habe ich weggeschmissen: du hast ja jetzt neue Kleider."

Damit gingen sie aus dem Schlafsaal, wendeten sich nach links und gingen bis ans Ende des Ganges. Da waren die Bäder.

Da waren links die Toiletten und die hatten alle Schwingtüren die von innen auch gar nicht abzuschließen waren. Max dachte sich, beim Oberbauern hatten wir nicht so schöne Toiletten, aber die Tür konnte man mindestens zuriegeln. Die Nonne erklärte: "Hier, das sind die Toiletten, und das die

Duschen. Wie, was sind Duschen? fragte sich
Max. So etwas hatte er noch nie gesehen,
diese Waschräume hier hatten nicht einmal
Türen: sie waren nicht voneinander getrennt,
und die Schüler mussten alle gemeinsam
duschen. Am ende des Ganges reihten sich die
Waschbecken aneinander es waren ungefähr
Zwanzig am Stück. Auf der gegenüber
liegenden Seite der Duschen war noch eine
Tür. Die Nonne ging hinein und machte Licht:
da standen lauter alte, rostige Eisenschränke,
wie man sie von den Umkleidekabinen am
Arbeitsplatz kennt. "Das ist deiner, siehst du,
da steht auch schon dein Name drauf, meine
Mitschwestern waren schon fleißig." Auf dem
Schildchen stand ´Maximilian Stolzlechner´.
Wer ist denn das?, fragte sich Max. Den
Namen hatte er noch nie gehört, denn man
nannte ihn immer den „Oberbauer Max". Ach
so, dämmerte es ihm, das bist ja du. Es ist
dein Schrank. Er öffnete die quietschende
Tür, und siehe da: da lag auch schon etwas
Kleidung drinnen.

"Hier, das ziehst du zum Schlafen an, aber ohne Unterwäsche." Was ist denn das?, fragte sich Max. Da war ein langer Schurz mit grauen und weißen vertikalen Streifen und hatte Ärmel. "Das ziehst du an zum Schule gehen, und das zum Spielen", kam es aus dem Hintergrund, wo die Nonne immer noch stand. Max hatte sie schon fast vergessen, und wieder schauerte es ihn über den ganzen Körper. Diesen Kommandoton kannte er nicht, diese laute Stimme machte ihm mehr Angst als die grobe Stimme des Oberbauern, denn diese kannte er zu gut, um davor noch zu erschrecken.

Die Nonne meinte: "Die Kleider, die ich dir angezogen habe, ziehst du jetzt wieder aus, denn die sind für die Feiertage und nicht zum Spielen oder für die Schule." Wieso denn jetzt schon wieder ausziehen, wunderte sich Max, dann hätte ich sie ja auch nicht anziehen brauchen. "Mach schnell, denn wir müssen

37

ins Speisezimmer zum Abendessen gehen",
sagte die Nonne.

"Im Speisezimmer, wie überall hier, hast du
deinen eigenen Platz. Deine Mitschüler sind
schon da und warten auf dich, um dich
kennenzulernen." Die Nonne führte Max den
ganzen Gang zurück bis zur Treppe, zwei
Stockwerke tiefer und dann nach links und
nochmals nach links. Da war eine Doppeltür,
die schon offen stand, und man hörte laute
Stimmen von Kindern. Doch sobald die
beiden zur Tür hineingingen, war es auf
einen Schlag mucksmäuschenstill.
Unglaublich, dachte sich Max, wieso sind die
jetzt alle so still? Doch nicht wegen mir?

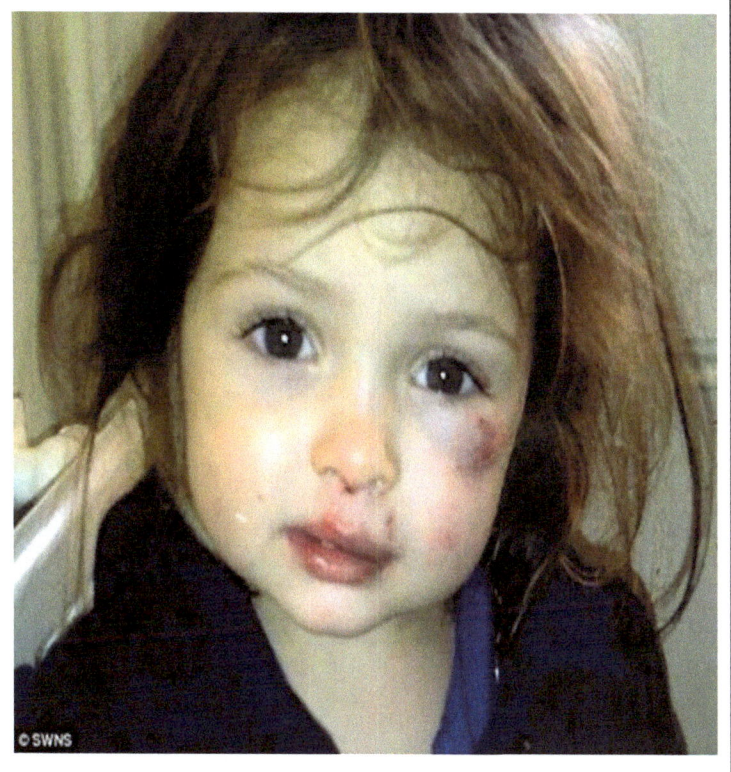

Der Speisesaal war ein sehr großer Raum mit vier Reihen von Tischen und vielen Stühlen; er diente allen Kindern des Hauses zum Einnehmen der Mahlzeiten. Max war beeindruckt und dachte: Wie viele Kinder sind denn das? Doch er sollte es noch allzufrüh erfahren. Alle Kinder standen auf ihren Plätzen und warteten ganz still, ohne sich zu bewegen. "Guten Abend", sagten sie dann alle zugleich, und die Schwester antwortete: "Guten Abend und Mahlzeit."

"Da sind wir", wandte sich die Nonne wieder an Max, "und dass du es weißt: Hier herrscht absolute Ruhe, denn hier wird mit Andacht gebetet und dann gegessen, und dass du es weißt, hier gibt es Regeln, die strikt zu befolgen sind. Sollte ich von dir nur ein Wörtchen hören, gibt es eine Strafe. Wenn du sprechen willst, musst du wie überall hier, die Hand aufheben und erst sprechen, wenn ich es dir erlaube. Das ist dein Sitzplatz", sagte sie ganz schroff. Max wollte sich schon hinsetzen, da hörte er: "Du kleiner Bengel, kannst du nicht warten, bis ich es dir erlaube, das gibt eine Strafe."
Die Heimkinder mussten im Stehen fast den halben Rosenkranz beten, so lang kam es zumindest dem Max vor, und dann mussten sie noch für Speis und Trank danken. "So,

hinsetzen!", befahl die Schwester, und alle setzten sich hin und fingen an zu tuscheln, bis die Schwester schrie: „Ruuhe!!", und schon war es wieder ruhig.

Eine andere Schwester kam mit einem Servierwagen. Darauf stand ein großer Topf. Sie ging durch die Reihen und schöpfte den Kindern das Essen auf die Teller. Als Max an der Reihe war, dachte er sich, was das? So eine Suppe hatte er noch nie gesehen: sie war grün und schmeckte fürchterlich, er mochte sie einfach nicht essen und ließ sie stehen. Da kam auch schon die Schwester und fragte: "Magst du das nicht?" Max verneinte etwas beschämt, worauf die Schwester sagte: "Ach, da haben wir wohl ein sehr heikles Bürschchen, sicher hat es zu Hause etwas Besseres bekommen. Sie rief die andere Schwester und sagte: "Schöpfe noch eine Kelle der guten Suppe auf Maximilians Teller, denn er hat einen großen

Hunger, er hat ja den ganzen Tag nichts gegessen." Sie drehte sich zu Max und sagte: "So, mein Kleiner, das isst du jetzt schön brav aus, sonst wirst du dein blaues Wunder erleben." Wie aus der Pistole geschossen, antwortete Max: "Schläge kann ich gut wegstecken, das macht mir nichts mehr aus, daran bin ich schon gewöhnt."

Nach dem Essen mussten die Zöglinge wieder beten und für die gute Gabe danken. Max dachte sich, welche gute Gabe? Er musste sich fast übergeben. Sie gingen wieder gemeinsam in den dritten Stock zum Abwaschen, Zähne putzen, alles ausziehen und das Nachthemd anziehen. Im Nachthemd huschten sie dann in den Schlafsaal. Da sagte ein anderer Junge zu Max: "Pass auf, denn diese Schwester ist eine ganz böse Person. Sie ist die, die hier über alle das Sagen hat. Sei einfach ruhig und sag immer ja zu ihr und befolge genau ihre Anweisungen, denn sonst wirst du es hier sehr schwer haben und viele Stunden Strafe absitzen müssen."

Als sie schon alle im Bett waren und schliefen, kam die Nonne, weckte ihn und sagte: "So, mein Lieber, zieh deinen Schlafanzug aus und komm mit mir." "Wohin?", fragte Max. "Das wirst du schon sehen", antwortete ihm schroff die Nonne. "Jetzt werde ich dir zeigen, was passiert, wenn man mir widerspricht." Sie gingen bis zum Treppenansatz, der nach unten führte. Hier nahm sie ein gespaltenes Holzscheit, legte es mit der Kante nach oben auf den Treppenabsatz und befahl: "Knie dich auf das Scheit mit dem Gesicht Richtung Treppe hinab, und bleib so lange knien, bis ich dir erlaube aufzustehen, und dreh dich nicht um, sonst dauert die Strafe länger."
Es tat sehr weh, es kam Max vor, als bluteten die Knie schon, und ihm wurde vor lauter Schmerzen schummrig vor den Augen.

43

Außerdem hatte er viel zu kalt, denn das Treppenhaus war ja nicht beheizt, und er war völlig nackt, denn unter dem Schlafanzug durfte man keine Unterwäsche tragen. Die zehn Minuten, die er so knien musste, kamen ihm wie Stunden vor, als endlich die Nonne kam und fragte: "Hast du es jetzt verstanden? Oder brauchst du eine andere Lektion?" Max war fast ohnmächtig vor Schmerz, aber er sagte. "Ja, ich habe es verstanden"Dann kannst du jetzt in die Schlafstube zum Schlafen gehen, aber ziehe dir ja deinen Schlafanzug an, sonst werden noch die Bettlaken von dir verdreckt. Denn die werden nur alle vierzehn Tage gewechselt, und ich verlange, dass sie so lange sauber bleiben." Er war sehr froh, dass er wieder in den Schlafsaal durfte, denn dieser war beheizt. Er zog seinen Schlafanzug an und ging ins Bett.

Solche und ähnliche Strafen waren täglich an der Hausordnung. Einer der Klassenkameraden war immer in Strafe und musste an dieser Treppe auf dem Holzscheit

44

knien. Die Kinder dachten, dass sich die Nonnen so den Frust vom Leib schütteln würden, oder sie hätten Freude an den Schmerzen anderer, denn zum Kinder-Erziehen waren sie sicher nicht geeignet.

Am nächsten Morgen um 5.45 Uhr kam die Nonne wieder, und, wie schon am Tag zuvor, mit einen Kommando, das man höchstens beim Heer hört "Aufstehen, aber dalli, abwaschen, Zähne putzen und ab in die Kapelle zur heiligen Messe!" Wie?, dachte sich Max, an einem Donnerstag? Er konnte ja nicht wissen, dass man hier im Heim alle Tage zur Heiligen Messe gehen musste. "Wir sind Pater und Nonnen, und das Beten hat noch keinem geschadet!", sagten sie. So machte sich Max in Gottes Namen fertig mit Abwaschen, Zähne putzen, Anziehen, und ging mit den anderen in die Kapelle zur heiligen Messe. Um in die Kapelle zu kommen, mussten sie wieder diese Straße

45

überqueren und in das andere größere Haus gehen. Während der Messfeier drehte er sich kurz um, und bekam prompt eine ins Gesicht geklatscht, dass ihm nur so die Ohren sausten.

Als sie aus der Kapelle kamen, rügte die Nonne Max: "In der Kirche dreht man sich nicht um, denn der Altar ist nicht hinten sondern vorne. Das nächste Mal bekommst du eine Strafe, verstanden?" "Ja", sagte Max. Nachher mussten sie schnell wieder die Straße überqueren und in den Speisesaal zum Frühstück gehen. Was die Kinder vorgesetzt bekamen, sah wiederum alles andere als appetitlich aus, und es schmeckte auch abscheulich. Es gab Brennsuppe mit hartem Brot. Max dachte sich, da war doch das Essen beim Oberbauern noch herrlich. Auch dort gab es zum Frühstück immer Brennsuppe, aber die schmeckte viel besser. Die hier ist nicht einmal richtig gekocht, das Mehl ist noch roh, sowas kann man ja nicht essen, aber er schluckte die Suppe hinunter,

46

denn er wollte ja nicht noch einen Teller von dieser Suppe essen müssen, so wie am Vorabend.

"So, Kinder, jetzt gehen wir in die Klasse zum Unterricht", sagte die Nonne und ging voraus in den zweiten Stock, wo sich das Klassenzimmer befand, denn jede Gruppe hatte ein Stockwerk für sich. Das Haus war für drei Klassen eingeteilt, erster Stock erste Klasse, im zweiten Stock die zweite Klasse und im dritten waren die Schüler der dritten Klasse; nur im Speisesaal und im Hof waren sie alle beisammen. Max wusste nicht wohin, denn er hatte schon vergessen, dass ihm die Nonne am Vortag "seinen" Klassenraum gezeigt hatte. Deshalb erkundigte er sich bei der Nonne schüchtern. Die war aber alles andere als begeistert über seine Frage und sagte: "Wohin gehen denn die anderen Kinder? Kannst du noch blödere Fragen stellen? Das sind deine Klassenkameraden, also müsstest du wohl verstehen, dass du in das gleiche Zimmer gehst wie all die anderen." "Entschuldige, Schwester Hildegund." Ihren Namen hatte er von einem anderen Jungen seiner Gruppe gehört. "Na, siehst du, so dumm bist du ja gar nicht!", antwortete sie schroff.

Sie gingen in die Klasse. Da waren alles alte Zweierbänke. Die sind ja noch älter als die in der Dorfschule, dachte Max. Ein Junge rief Max: "Komm her, bei mir ist noch ein Platz frei." Max ließ sich nicht zweimal betteln und ging zum Platz. Da kam auch schon der Lehrer. Alle sprangen auf. "Guten Morgen, Herr Lehrer!", begrüßten sie ihn. "Setzen!", befahl der Lehrer und ging direkt auf Max zu. "Na, wen haben wir denn da, einen ganz Neuen, dich haben sie sicherlich in deiner letzten Schule rausgeschmissen, sonst wärst du ja nicht hier." Die anderen Schüler lachten laut, was dem Max sehr unangenehm war, und er verteidigte sich: "Nein, nein, mich wollten meine Zieheltern nicht mehr und meine Mutter auch nicht, deswegen bin ich hier. "Oh, du Armer", sagte der Lehrer. "Na ja, dir werde ich auch noch alles beibringen, wie den anderen, gell mein Lieber. Wie heißt du denn?" Max, wollte schon Max sagen. Aber da fiel ihm ein, an seinem Spind stand doch Maximilian Stolzlechner, und so nannte er diesen Namen. Der Lehrer guckte ganz verdutzt und sagte.: "So, so, ein ganz schlaues Kerlchen haben wir da. Na gut, dann fangen wir an." Dieser Lehrer musste sicher beim Heer gewesen sein, denn er war ein sehr böser Mann, er hatte genau wie die Nonne eine sehr laute und raue Stimme, und war auch sehr streng. Er besaß kein Einfühlungsvermögen. Daran kann sich Max sehr gut erinnern. Die Schulstunden vergingen, bis endlich die Glocke läutete und der Lehrer sagte: "Bis morgen dann, Kinder, Mahlzeit!". Damit verschwand er in den Flur.

"Mittagessen hopp, hopp", hörte er die Schwester rufen. Er dachte sich, hoffentlich nicht wieder so eine Brühe wie gestern Abend, und ging zum Esszimmer. Aber siehe da, es gab Reis mit einer roten Soße, die er nicht kannte: Reis, der leider wiederum nach gar nichts schmeckte, und eine Soße die so säuerlich, dass Essig fast noch besser gewesen wäre, und wahrscheinlich schon unverdaulich geworden war. Dann bekam er noch einen Apfel als Nachtisch.

Max hatte noch Hunger, so hob er die Hand. "Was willst du?", schrie die Nonne. "Ich habe noch Hunger", sagte Max. "Na sowas! Gestern wolltest du nicht, heute hast du noch Hunger, was glaubst du denn überhaupt, wo du hier bist, hier kann man nicht so einfach bestellen, was man will,. Was du bekommen hast, muss ausreichen, denn mehr haben die anderen auch nicht bekommen, und wegen dir werden wir auch keine Ausnahme machen. Die anderen haben auch nichts zu meckern, so wie du. Pass bloß auf, was du sagst. Du weißt ja von gestern, was dir sonst blüht." Max wollte aber nicht so schnell aufgeben und sagte noch einmal: "Aber ich habe ja noch Hunger! Im Topf ist doch noch Reis, wieso bekomme ich dann nichts mehr?" Die Schwester stand auf, ohne ein weiteres Wort zu sagen, ging auf Max zu, nahm ihn bei den Haaren und zog ihn so vor sich her die zwei Stockwerke hoch bis ins Gruppenzimmer.

Im Gruppenraum angekommen, befahl sie: "Hinsetzen! So, jetzt machen wir Aufgaben und dann dürft ihr in den Hof zum Spielen. Aber der freche Bengel bleibt hier, um Strafaufgaben zu machen: Lesebuch nehmen, denn jetzt wird laut gelesen. Max, du bist an der Reihe", sagte die Nonne. Aber, dachte Max, wir haben doch nicht Leseaufgabe bekommen. Er wollte schon die Hand aufheben, da fiel ihm ein, was der andere Junge am Abend zuvor gesagt hatte, und so ließ er es bleiben, nahm das Buch und las daraus laut vor. Leider war er nicht gut im Lesen, und so lachten ihn seine Kameraden aus. Deshalb las er auch nicht mehr weiter, denn er schämte sich. Aber die Nonne schrie: "Weiterlesen, sonst weißt du ja, was dir blüht." Zu den anderen sagte sie: "Will vielleicht jemand von euch eine Strafe? Hier wird nicht gelacht, hier wird in aller Stille gelernt, und wenn jemand etwas zu sagen hat, bin ich es, verstanden!" Und schon war wieder Ruhe.

So vergingen die Tage bis zu Weihnachten. Der Pater Direktor rief Max in sein Büro und sagte: "Für die Weihnachtsferien haben wir dir einen guten Platz bei einem Bauern gefunden." "Wieso?" fragte Max. Er könnte ja beim Oberbauern die Weihnachtsferien verbringen. "Nein, nein!", schrie der Direktor. "Hier bestimme ich, wo du hinkommst und wo nicht, verstanden?" So brachten sie ihn zu einem Bauern, der einen Knecht brauchte. Max musste wähend der ganzen Ferien den

Stall ausmisten, Kühe striegeln, und auch noch in der Küche abspülen. Wenn etwas nicht sauber genug war, musste er die Arbeit noch einmal machen. Auf diese Ferien hätte er gerne verzichtet, zumal er am Heiligen Abend nicht einmal mit dem Bauern und dessen Kindern feiern durfte: nein er musste ins Bett, denn er gehörte ja nicht zur Bauernfamilie. Das tat Max sehr weh, und er dachte, beim Oberbauern konnten die angenommenen Kinder auch mit der Familie feiern, wieso denn hier nicht?

Endlich waren diese Ferien vorbei, und Max musste wieder ins Heim zurück, was ihm nicht schwerfiel, denn im Heim musste er nicht auch noch arbeiten. Wenn er gewusst hätte, was ihm da bevorstand, wäre er sicher lieber bei diesem Bauern geblieben. Eines Nachts, er war vielleicht seit drei Monaten im Heim gewesen, kam die Nonne, weckte ihn und sagte: "Sei leise, damit du die anderen nicht aufweckst, und komm mit, denn du musst jetzt Hausaufgaben machen, das müssen bei uns die hübschen Buben immer."

„Wie? Hausaufgaben, um diese Uhrzeit, es ist ja mitten in der Nacht!", fragte Max. "Sei einfach still und komm mit", befahl die Nonne. Sie gingen aus dem Schlafsaal, drehten nach links, nahmen die zweite Tür rechts und gingen hinein.

Da waren zwei Pater, die schon auf ihn warteten."Du", sagte der Eine, "bist ein ganz Hübscher", und er streichelte ihn. "Zieh doch den Schlafanzug aus", sagte der andere. "Wieso?", fragte Max. "Weil wir es so wollen", äußerte sich der eine wiederum. "Willst du den Schlafanzug nun ausziehen oder willst du eine Strafe?" Natürlich wollte Max keine Strafe und zog das Nachtgewand, wenn auch widerwillig, aus, denn er schämte sich ja schrecklich, ganz nackt vor zwei Patern zu stehen. Was dann geschah, kann sich jeder denken. Wenn Max gewusst hätte, was ihm da bevorstand, hätte er gerne die Strafe angenommen, die ihm geblüht hätte.

Die sexuellen Übergriffe, die so ungefähr ein bis zweimal in der Woche stattfanden und einfach nicht aufhören sollten, waren die Hölle auf Erden. Einmal, kann sich Max erinnern, brachte die Nonne noch einen anderen Jungen in dieses von Gott verfluchte Zimmer. So waren sie zu zweit und fingen an zu schreien, aber niemand konnte sie hören, denn dieses Zimmer war schallisoliert. Es war das erste und letzte Mal, dass er diesen Jungen gesehen hat. Jedes Mal, wenn sie mit diesen Übergriffen fertig waren, brachte ihn die Nonne wieder in den Schlafsaal und drohte ihm: "Wenn du jetzt nicht still bist und die anderen aufweckst, passiert dir das morgen wieder, und du darfst auf dem Holzscheit knien, hast du das verstanden?" "Ja", wimmerte Max.

Kaum haben wir Sprechen gelernt, erklärt uns jemand, was wir alles verschweigen müssen!

Diese sexuellen Vergewaltigungen wurden immer von zwei Patern verbrochen, meistens war da auch noch die Nonne, die nicht nur zusah. Weitere Einzelheiten möchte und kann Max heute nicht erzählen, denn es tut einfach in der Seele und im Herzen zu sehr weh.

Eines Tages sprach ihn ein anderer Junge, Jürgen hieß er, an. Er hatte Max in der Nacht immer wieder still weinen hören. Er fragte ihn: "Wieso weinst du? Musst du auch immer Hausaufgaben machen? Ich habe gesehen, dass dich die Schwester immer wieder mitten

56

in der Nacht holt." Max war ganz geschockt und fragte: "Wie? Passiert das hier mit allen so?" "Nein, nur mit einigen, die sie ausgewählt haben und die keine Eltern haben", antwortete Jürgen. "Mit denen können sie das machen, denn wenn sie es auch jemandem erzählen würden, was mit ihnen da passiert, glaubt ihnen sowieso keiner." Max fragte Jürgen, wo der andere Bub, der mit ihm in diesem Höllenzimmer war, geblieben sei. Er antwortete nur, der sei von seinen Eltern abgeholt worden. Das war eine sehr unglaubwürdige Ausrede, denn dieser Bub hatte keine Eltern. Also dachte sich Max, dass sie ihn wohl in ein anderes Heim gesteckt hatten.

Jürgen und Max wurden dicke Freunde. Das war der Nonne ein Dorn im Auge, und darum versuchte sie, diese Freundschaft mit allen Mitteln zu unterbinden. Sie bemühte sich, die zwei immer zu trennen, was ihr jedoch ganz selten gelang. Deshalb schikanierte sie die Freunde immer mehr, aber das schweißte die zwei nur noch mehr zusammen. Sie bekamen die gleichen Strafen und knieten oft nachts auf den Holzscheitern, außer wenn sie die besagten Hausaufgaben machen mussten, und tagsüber mussten sie im Gruppenraum nachsitzen. Eines Tages kam dann noch ein anderer Junge zu ihnen und fragte, ob er nicht auch ihr Freund sein dürfte. Sie sagten: "Ja, natürlich!", und so erzählte auch Klaus, so hieß er, von seinem Leidensweg und von seinen nächtlichen Hausaufgaben. Max fragte ihn: "Hast du auch keine Eltern?" "Doch, ich habe Eltern. Sie wollen nur nichts mehr von mir wissen, denn bei uns zu Hause ist ein neuer Mann eingezogen, seit mein Vater gestorben ist, und dieser Mann mag mich nicht", war seine Antwort.

So vergingen die Tage, Wochen und Monate bis zum Schulende der zweiten Klasse.

Max hoffte, dass ihn die Oberbäuerin abholen würde, sodass er im Sommer wieder bei seinen Freunden auf dem Berg sein und mit seinen früheren Schulkameraden wieder lachen und spielen könnte. Zu dem Bauern, bei dem er in den Weihnachtsferien war, wollte er keinesfalls mehr hin. Es kam alles ganz anders. Einer dieser Pater, den er gar nicht mochte, kam zu ihm und sagte: "So, pack jetzt deine Sachen, dann fahren wir zu einem Bauern, bei dem du den Sommer verbringen kannst." Und so fuhren sie am nächsten Tag mit dem Heimbus, der einen so üblen Geruch hatte, dass sich Max auf der Fahrt übergeben musste, fast zwei Stunden lang durch die Gegend bis sie zu einem Bauernhof kamen.

Der Pater sagte: "Pass auf, was ich dir jetzt sage, und schreib dir das hinter deine Ohren! Du sprichst nicht über das Heim oder über seine Insassen und schon gar nicht über uns

Pater und Nonnen. Sollte uns etwas zu Ohren komen, dann weißt du ja, was dir blüht. Wenn du dann im Herbst zurück ins Heim kommst, hast du niemanden mehr, der dir zuhört, und den nächsten Sommer musst du dann bei uns im Heim verbringen, verstanden?" "Ja", sagte Max, denn er wusste ja, dass ein „Nein" nichts als schlechte Tage und Schläge zur Folge haben würde.

Max dachte sich, hoffentlich geht es mir bei diesem Bauern besser als bis jetzt. Es war ein sehr großer Bauernhof mit etwa hundert Rindern und dreißig Schweinen. Der Hof hatte sogar eine Getreidemühle.Doch die Hoffnungen von Max wurden schnell zunichte gemacht. Den ganzen Sommer lang musste er sich krumm schuften, alleine den großen Schweinestall ausmisten, und darüber hinaus gab es auch auf diesem Hof schlechtes Essen und viel Schläge, auch von den Söhnen des Bauern. Die waren ja schon viel grösser als er, nur der alte Opa der Familie mochte den Max und versuchte, ihn immer wieder in der Mühle zu verstecken, um ihn zu schützen. Ja, er sagte auch, dass seine Nachkommen ganz böse Menschen seien, vor denen sogar er sich fürchten müsse.

Endlich ging der Sommer zu Ende, und Max musste ins Heim zurück. Das empfand er jedoch fast noch besser, als bei diesem schäbigen Bauern zu bleiben.

Lasse es nicht zu!

Wenn ein Kind schreit,

da seine Seele zerstört ist,

wenn seine Augen nicht mehr
lachen,

weil ein Mensch seine Sucht

nicht unter Kontrolle hat,

dann verschließe nicht dein
Herz,

schau niemals weg!

Lass es nicht zu, das Qualen

sich in einem tränenlosen
Kindergesicht

widerspiegeln,

dass tränenlose Trauer

seine Kindheit zermartert,

dass stumme Schreie nur

durch Aggressivität ersetzt
werden.

Nimm dieses verletzte Wesen

und gib ihm neue Kraft.

Gib ihm die Fähigkeit zu
erkennen,

dass es Menschen gibt,

die Liebe nicht mit Gier
verwechseln.

Ich weiß:

Dieser Leidensweg kann endlos
sein.

Im Herbst 1963 kam Max in die dritte Klasse. Er dachte, hoffentlich lassen mich die Pater dieses Jahr in Ruhe, und hoffentlich ist dieser böse Lehrer nicht mehr da. Der hatte, wenn ihm etwas nicht passte, Max und seinen Mitschülern mit dem Meterstock auf die Finger geschlagen, dass sie nicht mehr schreiben und die Hausaufgaben nicht erledigen hatten können. Daraufhin hatten sie wiederum schlechtere Noten bekommen. Zum Leidwesen der ganzen Klasse war dieser schreckliche Lehrer wieder da, und schon ging die ganze Sache wieder von vorne los: Strafaufgaben in Hülle und Fülle, Schläge und wieder Strafaufgaben. Denn nach den Schlägen konnte ja keiner mehr schreiben: also wieder Strafe und immer wieder. Von den sexuellen Übergriffen ganz zu schweigen, denn diese waren noch schlimmer als all die Strafen und Schläge.

Irgendwann gingen Max, wie auch seinen zwei Freunden, die Tränen aus. Sie konnten nicht mehr weinen, und das Lachen ging schon gar nicht; sie hatten nur noch Hass in ihren Herzen. Sie konnten nicht mehr Kind sein und waren nur noch eine Sache, mit der man machen konnte, was man wollte. Leider hatten sie auch keine Kraft sich vor alle dem zu wehren Immer wieder versuchte Max zu rebellieren, was ihm dann noch schlechtere Zeiten bescherte. Max und die anderen zwei, „seine Freunde", lebten zeitweise nur noch in ihren Luftschlössern, die sie sich ausgedacht hatten, um mindestens ein wenig aus dieser Misere herauszukommen. Es vergingen die Tage, Wochen und Monate, bis wieder die Weihnachtsfeiertage kamen.

Max kam wieder zu dem Bauern, bei dem er schon im Jahr zuvor die sogenannten "Weihnachtsferien" verbracht hatte. Und dieselbe Leier ging wieder von vorne los: Schwerstarbeit, Schläge und wenig, schlechtes Essen. Von Ferien und von Feiern spürte Max nicht einmal einen Hauch. Wie schon im Jahr vorher gingen auch diese „Ferien" schnell zu Ende und Max musste zurück ins Heim und die Schulbank drücken.

So begann das Ganze von vorne: Es gab schlechtes Essen, wenig Freizeit sowie viele Strafen, denn diese Personen konnten oder wollten nicht hören, was den Kindern Freude bereitet hätte, sie wollten einfach nicht zulassen, dass diese Kinder eine schöne Kindheit erleben durften. Ein Zeichen der Zuneigung oder gar ein Lob waren nie zu spüren oder zu hören.

Eines Tages, als sie zur Heiligen Messe mussten, hielt eine Schwester den Max an und sagte zu ihm: Du bist ja ein ganz braver Junge. Wenn du willst, kannst du mir helfen die Kirche sauber zu machen und Dekorieren. Dafür bekommst du auch ab und zu etwas gutes von mir. Max wurde von da an auch zum Ministrieren abkommandiert.

67

Eigentlich hätte ihm das Freude machen
sollen, aber das Gegenteil war der Fall. Für
das Ministrieren gab es auch noch Strafen
wenn einer einen kleinen Fehler machte.
Diese Nonne war mit den Kindern sehr nett,
und sie hatte auch des öfteren kleine
Stückchen Kuchen für sie, wenn sie in der
Kirche mithalfen. Die Kinder nannten diese
Nonne Kirchenmaus, aber diesen Namen
hatte sie sich sicher nicht verdient. Die
Kinder meinten es auch nicht beleidigend,
denn sie war eine der wenigen, die etwas von
Kindererziehung verstand.
Endlich ging auch dieses Schuljahr zu Ende.
Max dachte sich schon, er müsse noch einmal
zu dem bösen Großbauern, aber wiederum
kam es anders: Der Direktor zitierte Max zu
sich und sagte, dieser Bauer wolle ihn nicht
mehr, weil er im letzten Sommer faul und zu
nichts zu gebrauchen gewesen sei, er habe
sich immer vor der Arbeit gedrückt. Also
habe er ihm eine andere Bleibe gesucht und,
wehe ihm, er befolge nicht, was ihm dieser

Bauer befehlen würde. Max fragte sich, faul? Nach dieser ganzen Schufterei? Aber vielleicht ist es besser so, vielleicht bekomme ich einen besseren Platz und muss nicht mehr so viel arbeiten, und vielleicht bekomme ich endlich mal etwas Gutes zum Essen und kann wieder lachen und spielen.

So fuhren sie am nächsten Tag mit dem schäbigen alten, rostigen und stinkenden Heimbus zu diesem Bauern. Wie schon beim erstenMal wurde Max bei der Fahrt übel. Deshalb mussten sie wieder anhalten, um Max ein bisschen gute Luft schnappen zu lassen. Im Dorf dieses neuen Bauern angekommen, drohten die Pater ihm wieder: "Erzähle nichts von uns oder vom Heim! Wir holen dich zum Schulbeginn wieder ab. Du weißt ja, wenn wir hören, dass du über uns gesprochen hast, gibt es im Heim die Strafen dafür, und außerdem, was so ein Bengel sagt, glaubt ihm ja doch keiner. Merke dir das!"

Der Bauer kam ihnen schon entgegen und fragte die Pater: "Ist das der Junge, den ihr mir versprochen habt?" "Ja", antwortete der Pater, "das ist Maximilian Stolzlechner, ein sehr braver Junge. Passen Sie bloß gut auf ihn auf, damit er im Herbst auch wieder gesund zu uns kommt. Denn kranke Kinder können wir uns nicht leisten. Ja, dachte sich Max, damit ihr wieder über mich herfallen könnt. Zu Max sagte der Pater: "Sei brav und folgsam, denn du weißt ja, was dir sonst blüht." Max sagte überhaupt nichts mehr, er dachte sich nur, hoffentlich gibt es hier genug zum Essen, und hoffentlich ist das kein so schlechter Mensch wie die, die er bisher kennenlernen musste. So verabschiedeten sich die Pater.

Der Bauer drehte sich zu Max und sagte: "Ich heiße Hubert und bin der Holerbauer." Dabei gab er Max die Hand und führte ihn in die Küche, wo schon die Bäuerin und seine zwei Töchter warteten und Max sehr freundlich begrüßten. Die Bäuerin fragte: "Wie willst du eigentlich genannt werden, Max oder Maximilian?" Die Antwort kam prompt: "Max", sagte er. "Gut, dann komm mit, Max, jetzt zeige ich dir dein Zimmer." Sie gingen in den ersten Stock, wo sein Zimmer lag. Es war groß und hatte ein schönes großes Bett, das auch schon bezogen war. Da stand auch ein grosser Schrank, in dem Max seine Wäsche verstauen konnte. Die Bäuerin fragte: "Gefällt dir das Zimmer? Wenn nicht, haben wir noch ein anderes. Aber das ist viel kleiner." "Ja, es gefällt mir sehr gut. Danke!" antwortete Max. "Schön", meinte die Bäuerin und fuhr fort: "Jetzt gehen wir in die Küche, denn du hast bestimmt Hunger nach der langen Fahrt." Sie gingen in die Küche. Da stand schon ein Teller für ihn bereit, es gab Speckknödel und Salat. Max betete sein Mittagsgebet, das er im Heim gelernt hatte, dankte der Bäuerin und setzte sich.

Das Essen war sehr gut, so gut, dass er sogar zu viel aß. Da meinte der Bauer: "Mein lieber Junge, du hast wohl einen sehr großen Hunger gehabt! Aber das ist schon gut so, du musst uns ja auch bei der Arbeit helfen." Max dachte, bitte nicht wieder so eine Schufterei wie bei den zwei Bauern vorher! Aber die Arbeit beim Holerbauern war gar nicht schwer, er musste nicht mehr so viel schuften wie bei den anderen, und obwohl er arbeiten musste, kam die Zeit Max wie Ferien vor. Den ganzen Sommer über hat er auch nicht die kleinste Ohrfeige bekommen, er wurde nicht einmal beschimpft, was ihm sichtlich wohltat und er gar nicht gewöhnt war. Das Essen war sehr gut und reichlich. Endlich muss ich nicht mehr hungern und hart arbeiten und noch dazu Schläge bekommen. Diese Leute mögen mich. Hoffentlich kommen die Pater nie mehr, um mich abzuholen, dachte sich Max, denn er wäre sehr gerne hier geblieben.

Die drei Sommermonate vergingen im Flug, und auf einmal standen die Pater schon wieder vor der Tür, um ihn zu holen. Max wollte nicht mehr mitgehen. Er schlug um sich und weinte fürchterlich. Die Bäuerin tröstete Max und meinte: "Wieso weinst du denn, geh mit, das sind ja gute Leute, und du musst ja nur zur Schule gehen." Wenn das nur so wäre!, dachte Max. "Und dann kommst du zu Weihnachten zu uns, und im nächsten Sommer wieder." Trotzdem dauerte es lange, bis sich Max beruhigen konnte. Er bedankte sich für die Fürsorge, die er erfahren durfte, und für das gute Essen.

Sie fuhren wieder zurück in das Heim, das für ihn die Hölle auf Erden war und das er so gar nicht mochte. Schon auf dem Rückweg nahm ihn einer dieser Pater bei den Ohren und beschimpfte ihn: "Was haben wir dir gesagt?", fragte er. "Du sollst nicht so tun oder vermuten lassen, dass es dir bei uns schlecht

73

ergeht! Und was machst du? Du schreist wie am Spieß, wenn wir dich abholen wollen. Du hast es ja selbst erlebt, dass dir niemand glaubt. Also mach so etwas nie wieder! Hast du das verstanden?" " Ja", sagte Max und weinte vor sich hin. "Weinen bringt jetzt auch nichts", meinte der andere Pater, denn die Strafe bekommst du ja doch.

Jetzt wurde er im anderen Haus untergebracht, wo im Erdgeschoss auch die Kapelle war, und er dachte sich, jetzt wird es bestimmt besser, denn diese Pater und diese böse Nonne sind ja nicht mehr bei mir, denn sie sind ja für die erste, zweite und dritte Klasse und somit für das andere Haus zuständig. Aber es kommt meistens anders, als man denkt, und so war es auch. Diese Nonne hatte auch das Haus gewechselt, denn im anderen Haus waren neue Nonnen am Werken, und die Pater waren sowieso für beide Häuser zuständig. Und so war es wieder genau dasselbe wie in den Jahren zuvor. Max dachte, er werde einfach vom

Teufel verfolgt, denn sonst hätte er wohl nicht wieder so ein Pech.

Und: es sollte noch schlimmer kommen als vorher.Es gab wie immer zu wenig zum Essen und noch mehr Strafen und Schläge von Seiten der Pater, Schwestern und Lehrpersonen, als in den vergangenen Jahren. Die sexuellen Übergriffe wurden auch immer schlimmer, denn er wurde ja immer größer und konnte deshalb auch besser verstehen, was diese Personen mit ihm da machten. Der einzige Lichtblick war der Gedanke, dass er zu Weihnachten und im Sommer wieder zum Holerbauern durfte. So konnte er diese Zeit auch besser überbrücken, und im Gedanken war er immer öfter in seinen Luftschlössern und bei seiner so lieben Holerbauerfamilie.

In diesem Schuljahr war da noch eine Lehrerin. Sie war sehr nett und freundlich zu den Kindern, und sie sagte zum Lehrer auch, dass man mit Schlägen bei Kindern nichts erreichen würde. Der aber meinte nur, sie solle sich nur um ihre Arbeit kümmern, denn sie sei viel zu jung um zu wissen, wie man solche Bengel erziehen müsse. Eines Tages nahm sie den Max beiseite und fragte ihn, wieso er denn immer so traurig sei, ob er krank sei oder ob es ihm schwer falle, dem Unterricht zu folgen. Max wollte antworten, aber da läutete schon die Glocke. Und da stand auch schon die Nonne vor Max, als ob sie heimlich gelauscht hätte, und gab vor, dass der Max jetzt schnell zum Arzt müsste. Deshalb könnte er nicht länger mit ihr sprechen, und sie nahm ihn mit. Max dachte sich, wieso zum Arzt? Mir fehlt doch nichts, ich bin ja nicht krank.

Die Nonne führte Max ins Gruppenzimmer und drohte: "Dass du mir ja nichts erzählst, sonst kannst du dich auf etwas gefasst machen." Max und seine Freunde hatten sich vorgenommen, der Lehrerin alles zu erzählen. Aber nachdem die Nonne ihn so

eingeschüchtert, ja fast erpresst hatte, sagte
ihm sein Bauchgefühl, dass er lieber nichts
verraten sollte. Denn wenn diese Lehrerin
ihm nicht glauben würde, wäre es wohl noch
schlimmer geworden. So unterließ er es und
machte gute Miene zum bösen Spiel. Diese
Lehrerin wurde später auch wieder vom
Heim entfernt, als die Pater merkten, dass sie
den Kindern zu viele Fragen stellte. So kam
wiederum eine andere Lehrerin, und die war
viel älter und alles andere als freundlich zu
den Kindern.

Ab und zu durften Max und seine Freunde
auch in den Hof zum Spielen. Max war ein
geschickter Fußballspieler, was den Nonnen
wiederum nicht passte. Sie sagten, es sei ein
blödes Spiel, und er solle damit aufhören. Max
wurde immer trotziger und ließ sich nicht
mehr sagen, was er spielen sollte und was
nicht. Das wurde wieder einmal zu seinem
Nachteil.

Ja, da waren noch diese Sonntagsausflüge, bei denen die Schüler in Zweierreihen zu gehen hatten und nicht miteinander reden durften. Es hieß einfach: "Heute machen wir einen Ausflug", ob es Herbst oder Winter war, ob es regnete oder schneite. Wenn sie entschieden hatten, mussten die Kinder gehen, ob sie wollten oder nicht; und wer beim Tuscheln erwischt wurde, bekam es am Abend zu spüren, denn die Leute, die sie am Weg trafen, sollten sehen, wie gut es den Kindern in diesem Heim ergehe und wie wohl erzogen sie seien. So vergingen die Monate, bis wieder die Weihnachtszeit kam. Max freute sich außerordentlich, dass er zu den Holerbauern durfte.

Beim Holerbauern gab es zu Weihnachten auch Geschenke und Süßigkeiten. Max wurde in den Weihnachtsferien auch nicht zum Arbeiten gezwungen, aber er tat es trotzdem. Er half im Stall mit beim Kühe melken, füttern und sauber machen. Max tat das alles gerne, weil die Holerbauerfamilie ihn so gut behandelte. Nachmittags dufte er mit den Nachbarskindern zum Rodelfahren gehen oder spielen, wie lange es ihm gefiel, und diese Kinder mochten ihn sehr, denn er konnte so schön Märchen erzählen. Heute kann er sich an diese Geschichten nicht mehr gut erinnern, aber sie mussten schön gewesen sein, weil die anderen Kinder sie so gerne hörten. Diese Märchen, dachte sich Max immer bei den Übergriffen im Heim aus, um diese verunwürdigende Zeit zu überbrücken. Eines Tages fragte ihn der Bauer, wieso er des öfteren so apathisch sei und sich so benahm, als ob er in den Wolken leben würde. Max wusste genau, warum, aber wie sollte er verraten, dass er und seine Freunde in diesem Heim die Hölle miterleben mussten? So entschied er, dem Bauern nichts davon zu sagen und nahm einfach eine blöde Ausrede. Sie war nicht sehr glaubwürdig, aber der Holerbauer unterließ es, weiter zu fragen.

79

Eines Tages im vierten Schuljahr, es war das Frühjahr 1965, beschlossen Jürgen, Klaus und Max, doch einfach von dieser Hölle abzuhauen. (Jürgen und Klaus haben sich später beide das Leben genommen, denn sie konnten diese schrecklichen Ereignisse einfach nicht vergessen und verkraften.) Die drei Freunde organisierten sich schon Tage zuvor, passten genau auf, wann und wo die Nonnen ihre nächtlichen Runden machten, suchten sich einen Weg nach draußen, und fanden ihn auch: ein Fenster, das nicht wie die Türen verschlossen war. Sie hatten bei den Mahlzeiten immer Brot und alles, was irgendwie haltbar war, mitgenommen, ein paar Äpfel hatten sie auch noch gestohlen, denn sie bekamen ja nur einen am Tag und mussten ihn im Beisein der Schwester essen. Im Kellergeschoss hatten sie einen alten Schrank gefunden, in dem sie das Ganze verstecken konnten. Wehe, wenn sie erwischt worden wären, denn aus dem Speisesaal mitnehmen durfte man nichts.

Und wehe dem, der Speisen im Schlafraum oder sogar im Spind hatte.

So machten sie sich eines Nachts um drei Uhr früh auf und davon und dachten sich dabei, schlimmer kann es nicht werden. Max hatte entschieden, mit den anderen den ganzen Weg zu seinem so wohlwollenden Holerbauern zu gehen, obwohl er ahnte, dass dieses Unterfangen fast unmöglich sein würde. Nach mehreren Stunden Fußmarsch bekamen die drei Freunde Hunger und Durst. Sie hatten bereits alles aufgegessen, was sie mitgenommen hatten. In ihrer Not entschieden sie sich, bei einem Bauern anzuklopfen und um etwas Milch und Brot zu betteln. Sie gingen zum ersten Hof, den sie auf ihrem Weg entdeckten. Da kam ihnen auch schon eine ältere Frau entgegen und fragte, was sie wollten. Die Buben fragten, ob sie mit dem Bauern sprechen dürften, denn sie müssten ihn um etwas bitten. Die alte

Frau sagte: "Ich hol ihn euch", und ging ins Haus. Es dauerte nicht lange, da kam auch schon der Bauer und erkundigte sich, was sie wollten. Jürgen fragte, ob sie um etwas Milch und Brot bitten dürften. Der Bauer nickte, sagte nichts, nahm sie mit in die Stube, ging in die Küche und kam wenig später mit Milch, Brot und Marmelade wieder. Nun fragte er: "Haben euch denn eure Eltern nichts zum Essen mitgegeben? Und wo wollt ihr eigentlich hin? Und von wo seid ihr? Und wieso seid ihr so früh auf dem Weg?" Er stellte Fragen über Fragen, die die Kinder nicht beantworten konnten und auch nicht wollten, denn sonst hätten sie ja die Wahrheit sagen müssen.

Sie sagten ihm natürlich nicht, dass sie vom Heim abgehauen waren, nahmen eine ganz dumme Ausrede, an die sich Max später nicht mehr erinnern konnte, aber sie musste schon sehr unglaubwürdig gewesen sein, denn der Bauer hörte nicht auf mit der Fragerei, woher sie kämen und wohin sie wollten. Schließlich, nachdem der Bauer eingesehen hatte, dass er auf keinen grünen Zweig kam, ging er noch einmal in die Küche, kam wenig später wieder und sagte: "So, Kinder, jetzt könnt ihr euch ein bisschen ausruhen und später wieder eures Weges gehen." Aber zum großen Schrecken der drei: es dauerte keine fünf Minuten, da kamen auch schon Polizisten, bedankten sich beim Bauern und nahmen die drei mit.

Die Polizisten fragten die Buben, von wo sie seien, und dass sie sie nach Hause bringen müssten, denn so junge Buben könnten alleine nicht wandern gehen, und so früh schon gar nicht. Wiederum begann eine lange Fragerei, wie sie hießen und von wo sie wären. Klaus antwortete diesmal, sie seien vom Heim abgehauen, weil es ihnen dort so schlecht ergehe, und dass sie dort nur Schläge bekämen und das Essen sei schrecklich. Von den sexuellen Übergriffen trauten sie sich nichts zu sagen. Aber die Polizisten glaubten ihnen nicht und sagten nur: "Ihr könnt doch nicht die Pater und Nonnen so verleumden, die sind bestimmt sehr nett und meinen es gut mit euch." So brachten sie sie wieder zurück in das Haus, das für sie die Hölle war.

Als sie wieder im Heim ankamen, stand schon der Pater Direktor in der Tür und sagte: "Na, sind die Ausreißer wieder zurück? Das ist gut." Er führte die Buben in sein Zimmer, das auch als Büro ausgestattet war, und befahl: "Ihr bleibt schön brav da!", und verschwand mit den Polizisten im Hinterzimmer. Dort führte er ein längeres Gespräch mit ihnen und ließ sie zur Hintertür hinaus. Jetzt sagte er zu den Buben: "So, und nun möchte ich wissen, was ihr euch gedacht habt. Wo wolltet ihr eigentlich hin? Ihr habt außer uns ja niemand!" Sie gaben keine Antwort darauf. "Wenn ihr nichts sagen wollt, ist das auch kein Problem. Das Problem ist nur, wie seid ihr dazugekommen, mit den Polizisten über das

Heim so schlecht zu reden? Die haben mir ja alles gesagt, und wie ihr sehen könnt, glaubt euch ja doch keiner. Was wollt ihr eigentlich? Ihr habt zu essen, ein Bett, ihr könnt die Schule besuchen, und übrigens habt ihr auch keine Eltern, die sich um euch kümmern. Oder wollt ihr lieber auf der Straße leben? Ihr wisst schon, dass euer Ausbrechen eine außergewöhnliche Strafe mit sich bringt!

Macht nix, dachte Max, schlimmer kann es nicht mehr werden. Doch es kam noch schlimmer: es kam knüppeldick: Sie mussten drei Wochen lang allen anderen die Schuhe putzen, und wenn die Schuhe nicht blitzblank waren, ging das Putzen von vorne los. Sonst bekamen sie den Lederriemen zu spüren. Sie mussten das Frühstücksgeschirr abwaschen und nach den Mahlzeiten die Teller abräumen, in der Zeit, in der die anderen zum Spielen in den Hof durften. Sie mussten die Schulbank drücken, und wenn sie etwas nicht auf Anhieb verstanden, wurden sie bei den Ohren gezogen, bis die bluteten. Dann mussten sie noch des öfteren hundertmal schreiben: *Ich bin ein böser Bub.* Abends mussten sie darüber hinaus noch jeweils eine halbe Stunde auf dem gespaltenen Holz knien, außer an den Tagen, an denen die Übergriffe stattfanden.

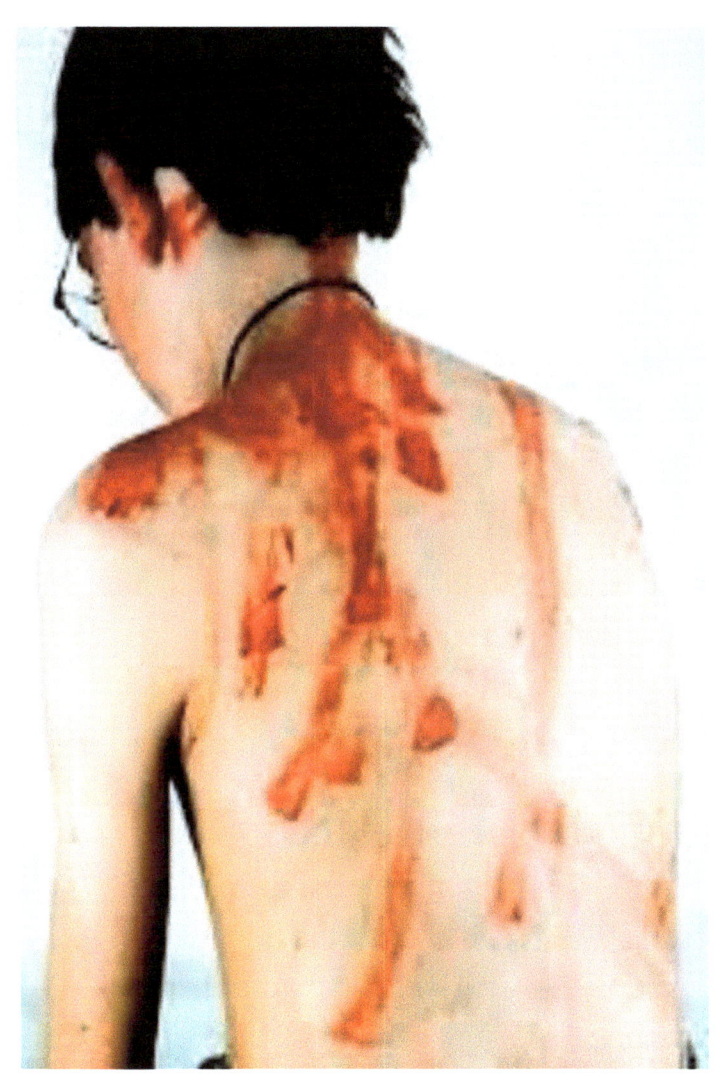

87

Max und seine Freunde konnten vor lauter Schmerzen gar nicht mehr richtig laufen, und der Rücken brannte von den Lederriemen Schlägen fürchterlich deshalb wurden sie auch des öfteren ins Krankenhaus gebracht, weil sich die Wunden an den Ohren am Rücken und den Knien entzündet hatten. Im Krankenhaus durften sie natürlich nichts verraten, denn sonst hätten ihnen die Pater und Nonnen noch strengere Strafen gegeben.

Vom Krankenhaus zurück, bekamen Max und seine zwei Freunde ein kleines Zimmer im Kellergeschoss, wo sie von nun an nachts immer eingesperrt wurden. Sie mussten vor dem Schlafengehen noch auf die Toilette, denn im Zimmer gab es keine Toilette. Um nicht ins Bett zu machen, mussten sie einfach bis zum Morgen aushalten. Außerdem war da auch kein Licht, das man anmachen konnte, denn der Schalter war an der Außenseite des Zimmers. Die Pater und Nonnen hatten Angst, dass Max und seine zwei Freunde noch einmal ausreißen würden, und dass irgendwann ein Polizist doch hellhörig werden und den Buben glauben könnte.

Einmal, dessen kann sich Max erinnern, kam es zu einer Anzeige wegen Körperverletzung. Eine Familie hatte gesehen, dass ihr Junge an den Ohren verletzt war, deshalb erstatteten sie Anzeige, die aber später im Sande verlief. Auch dieser Junge wurde, um keinen Aufstand zu erzeugen, aus dem Heim entfernt. So verging auch dieses Schuljahr. Zu seinem Schreck sagten die Pater am Ende des Schuljahres aber, er müsse die vierte Klasse wiederholen, denn seine Noten seien zu schlecht und er sei zu faul zum Lernen gewesen. Aber Max wusste, dass er nicht zum Lernen zu faul war. Nein, sie ließen ihn absichtlich die vierte Klasse wiederholen, damit er nicht mehr mit seinen Freunden zusammen in einer Gruppe sein konnte.

Er durfte aber wieder zu den Holerbauern und verbrachte den Sommer dort. Und wie schon im vorhergehenden Jahr bekam er sehr gutes Essen und musste sich nicht zum Krüppel schuften. Viel zu schnell kam der Herbst. Max hoffte, dass er dieses Mal nicht mehr abgeholt werden würde, denn im Dorf bei den Holerbauern hatte die Schule schon seit mehreren Tagen begonnen. Aber sie kamen doch, sie seien nur später gekommen, weil der Umbau im Heim nicht fertig geworden war. Zum Holerbauern sagten sie: "Danke, dass Sie sich länger um den Max gekümmert haben, wir hoffen, dass er Ihnen keine Probleme gemacht hat." Der Holerbauer erwiderte: "Max macht uns keine Probleme, er ist sehr folgsam und tüchtig." Zufrieden nahmen die Pater den Max wieder mit.

So kam Max 1965 wieder ins Heim, von einem Umbau war nichts zu sehen. Die werden wohl ihre eigenen Zimmer umgebaut haben, dachte Max. Leider war Max wieder alleine, denn seine Freunde gingen schon in die fünfte Klasse, und so war er der Buhmann der Klasse. Er konnte seine Freunde auch sonst nicht mehr sehen, denn zum Spielen in den Hof durfte er nicht, wenn die anderen da waren, und in diesem Haus hatte jede Gruppe einen eigenen Speisesaal. Er musste viel mehr als die anderen im Gruppenzimmer lernen und kam fast nie in den Hof zum Spielen, denn wenn er seine Hausaufgaben nicht erledigt hatte, bekam er eine Strafe, und nachts gingen diese schreklichen „Hausaufgaben" weiter.

Ich habe gelernt,
Leid zu ertragen,
Schmerzen zu verbergen,
und mit Tränen in den
Augen zu lachen,
nur um anderen zu
zeigen,
dass es mir „Gut" geht,

Etwas vom Schlimmsten war, dass er dieses
Jahr in den Weihnachtsferien auch nicht zu
den Holerbauern durfte, denn er hätte viele
Aufgaben zu erledigen, sagten seine
Vorgesetzten. Die Feiertage musste er zudem

alleine im Schlafsaal verbringen. Auf diese Ferien hätte er gerne verzichtet, denn sie waren der blanke Horror, denn er war alleine im Heim, und so waren die Übergriffe fast täglich und noch schrecklicher. Er hatte wieder ein Bett im großen Schlafsaal, denn seine Freunde waren ja nicht mehr in seiner Gruppe, und so brauchten die Pater und Nonnen auch keine Angst mehr haben, dass er wieder ausreißen würde, denn alleine hätte er das auch nicht geschafft, und andere Freunde hatte er auch noch keine gefunden. Sie waren erst vom anderen Haus in dieses gekommen, und so kannte er auch niemand von den neuen Mitschülern. Oft dachte sich Max, ich könnte ja auch alleine aus dieser Hölle abhauen, aber er hatte Angst, sich ganz alleine auf und davon zu machen. So ließ er es bleiben, obwohl es doch der einzige Ausweg schien. All die Schulstunden, die Strafen und das viele Lernen im

Gruppenzimmer ließen ihn dann in die fünfte Klasse aufsteigen.

Jemand der sich Kinderpornos ansieht ist genauso schuldig wie jemand der Kinder missbraucht.

Das ist meine Meinung dazu stehe ich KINDER SIND TABU!!

Im Sommer 1966 durfte er wieder zum Holerbauern, seinem neuen Zuhause, um die Ferien dort zu verbringen. Der Bauer fragte die Pater, wieso Max zu Weihnachten nicht zu ihm gekommen sei; er und seine Familie hätten auf ihn gewartet. Der Pater sagte nur, dass Max sich so schlecht benommen hätte, und deshalb zur Strafe im Heim bleiben musste, damit er wenigtens in diesem Jahr das Noternminimum erreichen würde.

"Ach so", antwortete der Holerbauer, ich kann das aber fast nicht glauben, denn bei mir war er sehr brav. Na gut, dann bekommt er die Weihnachtsgeschenke dieses Mal eben im Sommer. Der eine Pater antwortete, die bräuchte er nicht bekommen, denn er hätte sie nicht verdient. Max sei immer sehr störrisch gewesen und wollte nicht folgen oder lernen. Diese Geschenke könnte der Bauer gern ihnen mitgeben, denn sie hätten Kinder, die sie sicher brauchten und auch verdient hätten. Aber der Holerbauer gab ihnen die Geschenke nicht mit und sagte, diese seien für Max, und heuer im Sommer werde er sie sich schon verdienen. Dafür würde er selbst Sorge tragen. Die Geschenke bekam Max aber gleich, als die Pater weg waren.

Eines Tages fragte ihn der Bauer, warum er nachts immer weine, sie hörten ihn immer wieder, ob ihm etwas fehle oder ob er sich bei ihm und seiner Familie nicht wohlfühle. Was hätte Max antworten sollen? Was ihn bedrückte, konnte er nicht aussprechen, und zum Lügen war er nicht imstande, also sagte er ganz einfach: "Vielleicht träume ich nur, und diese Träume sind zum Weinen. Aber ich kann mich am Morgen nie daran erinnern." Doch Max wusste genau, warum ihm nachts die Tränen kamen, teilweise waren es Opfertränen wegen der Behandlung bzw. Misshandlung im Heim und teilweise Freudentränen, weil er sich bei seiner neuen Familie richtig gut fühlte. Hier konnte und

96

durfte er endlich wieder weinen und lachen, was ihm im Heim ja nicht mehr möglich war.

Als sich auch diese Sommerferien zu Ende neigten, nahm der Holerbauer den Max bei der Hand und fuhr mit ihm in eine kleine Stadt. Er ging mit ihm in eine Bank und übergab dem Max ein Sparbuch mit etwas eingelegtem Geld. Er sagte: "Das hast du dir ehrlich verdient, gib es nicht aus, spar es, dann hast du später Geld, wenn du es wirklich brauchst." Max war den Tränen nah: So lieb hatte ihn noch niemand gehabt und es ihm auch nicht gezeigt. Max bat den Bauern: "Bitte, behalte du mein Sparbuch, denn wenn ich es ins Heim mitnehme, bekomme ich es nie wieder." Das hatte er schon von einem anderen Jungen gehört, dem sie das Geld auch nicht mehr zurückgegeben hatten. Der Bauer schaute den Max ungläubig an und meinte, wieso er das Büchlein nicht wieder bekommen sollte. "Die Geistlichen nehmen dir das Sparbuch schon nicht weg." Wenn du nur wüsstest, dachte Max.

Ein paar Tage später kamen die Pater auch schon wieder und holten Max ab. Auch in der fünften Klasse war es nicht besser als in den vorhergehenden Schuljahren. Das Essen war wie immer schlecht, es gab Schläge, nachts diese Übergriffe und zu all dem noch Strafen. Das Sparbüchlein musste er abgeben und bekam es auch nicht wieder, denn die Pater sagten: "Du brauchst kein Geld, du hast hier alles. Geld ist nichts für ein Kind, es macht nur einen schlechten Menschen aus ihm." Und so hat er das Sparbuch nie wieder gesehen.

Niemand kann im geringsten erahnen, wie sich Max fühlte: Er hasste diese Menschen so sehr, dass er sie am liebsten umgebracht hätte. Er wurde auch immer rebellischer und wollte von dieser Hölle weg! Er mochte nicht mehr zur Schule gehen, aber leider musste er sich den Umständen anpassen, denn das Messer hielten ja die anderen am Griff. Aber auch, weil die Pater zu ihm sagten: "Wenn du nicht das tust, was wir wollen, dann kannst du dir auch deinen so geliebten Holerbauern in Zukunft abschminken." Denn sie wussten, dass es ihm dort sehr gefiel und gut erging.

Zu seinem Glück kam dieses Jahr zu Weihnachten der Holerbauer selbst, um Max abzuholen. Sonst hätten sie ihn vielleicht wieder nicht gehen lassen und hätten ihn wiederum im Heim behalten. Ja, das war sehr gut, denn wenn es nach den Patern gegangen wäre, hätte er diese Weihnachtszeit wiederum im Heim verbringen müssen. An diesen Tagen wären sie nämlich mit ihm alleine gewesen! Was da wiederum passiert wäre, kann man sich denken.

Nach den Ferien musste er wiederum die Schulbank drücken. Die Abschlussprüfung der Volksschule hat er knapp bestanden und so kam er in die erste Klasse Mittelschule.

Der Holerbauer und seine Familie gratulierten ihm zu seinem Aufstieg in die höhere Schule. Max dachte sich, jetzt oder nie! Er wollte den Bauern fragen, ob er nicht von hier aus die Mittelschule besuchen dürfe, er würde dafür auch mehr arbeiten, denn ins Heim wolle er keinesfalls mehr. Doch die Antwort war ernüchternd. Der Bauer sagte: "Wir möchten dich ja hier behalten, aber das geht nicht, denn die Pater sind dein Vormund und dürfen dich vor deinem vierzehnten Lebensjahr nicht weggeben. Wir haben uns da schon Gedanken darüber gemacht und nachgefragt. Eine Ausnahme wäre, wenn wir dich adoptieren würden. Doch das ist auch nicht möglich, denn dann müsste deine Mutter unterschreiben, und die Pater sagen, sie sei unauffindbar."

Vielleicht wollten sie die Mutter gar nicht finden, denn sonst hätten sie einen "Spielekameraden" weniger gehabt.

"Wir würden dich ja gerne hier behalten, aber leider können wir da nichts machen."

So verging auch dieser Sommer, und vor dem Abschiednehmen rief ihn der Bauer in die Stube und sagte: "Gib mir dein Sparbüchlein, so kann ich dir morgen, wenn ich in die Stadt fahre, ein bisschen Geld einlegen." Armer Max! Wie sollte er jetzt dem Bauern erklären, dass er das Büchlein gar nicht mehr hatte. Die Nonne hatte es ihm ja letztes Jahr am Schulanfang abgenommen und ihm nicht mehr zurückgegeben. Aber der Bauer ließ nicht locker, und so musste Max ihm sagen, dass er das Büchlein abgeben musste und nicht wiederbekommen hatte.

Der Bauer war sehr aufgebracht; so hatte ihn Max noch nie gesehen. Er sagte zu seiner Frau: "Die nehm ich mir vor, ich will wissen, wieso der Max sein Eigentum, das ich ihm geschenkt habe, abgeben musste und es nicht zurückbekommen hat. Die Pater kamen, wie jedes Jahr, im Herbst wieder, um Max abzuholen. Der Bauer lud sie in die Stube ein. Was dort geschah oder gesprochen wurde, weiß Max nicht, aber es ging sehr laut zu. Nach einer halben Stunde kamen die Pater aus der Stube und nahmen den Max mit ins Heim. Auf dem ganzen Weg sprachen sie kein Wort mit ihm.

Im Heim angekommen, wurde Max zum Direktor zitiert. Dieser war stinksauer und fragte: "Wieso hast du dem Bauern gesagt, wir hätten dir dein Sparbuch abgenommen? Unser Auftrag an dich war: Du sprichst nicht über das Heim und seine Insassen. Und was machst du? Du sagst dem Bauern, wir hätten dir das Sparbüchlein abgenommen. Wieso lügst du? Max antwortete: "Ich habe nicht gelogen. Die Schwester hat mir das Büchlein abgenommen, und ihr habt gesagt, dass Geld nichts für Kinder sei, und so habe ich das Büchlein nicht wiederbekommen." Schon bekam er eine Watsche direkt ins Gesicht. "Du Lügner!", schrie der Direktor. "Das hat schwere Konsequenzen für dich, mein Lieber." "Aber wieso?", fragte Max. "Ich habe doch nicht gelogen. Ehrlich, die Schwester hat mir das Sparbuch abgenommen." "Du schlimmer Bengel du, du hast auch noch die Frechheit mich nochmals zu belügen. Na, warte! Dir werde ich schon noch Manieren beibringen!" Dann schrie er: "Ausziehen!", und schon bekam Max den Hosenriemen zu spüren.

Die erste Klasse Mittelschule wurde ein Jahr, das niemand so durchleben möchte: Holzscheit knien, Ohren lang ziehen, bis sie am Ohrläppchen ausbrachen, vom Pater den Hosenriemen über den Rücken geschlagen bekommen, das alles war an der Tagesordnung. Sehr selten durfte er in den Hof zum Spielen gehen, und sonntags wurde Max immer im Gruppenraum zum Lernen eingesperrt, auch wenn die anderen den schon erwähnten Ausflug machten. Aber das

Brutalste waren nachts immer wieder diese Übergriffe. Jetzt waren seine zwei Freunde Jürgen und Klaus wieder in der gleichen Gruppe, denn die drei Klassen Mittelschule waren eine Gruppe, es war eine kleinere Gruppe, weil viele der anderen Kinder, die mit Max die Grundschule besucht hatten, wieder bei ihren Eltern sein durften oder von einer Familie aufgenommen oder adoptiert worden waren.

Max und seine Freunde freuten sich sehr, dass sie wieder beisammen waren. Sie erzählten einander, dass die Übergriffe immer so weiter gingen, sie wurden genauso wie immer behandelt, auch in den Jahren, in denen sie nicht mit Max in der gleichen Gruppe waren. Sie fragten ihn, wie es ihm ergangen sei. "So wie euch", war seine ganz kurze und klare Antwort.

Eines Tages wurde es dem Max zu viel, und er rebellierte, schlug bei einem nächtlichen Übergriff einen Pater ins Gesicht und traf ihn

so unglücklich, dass er ein Stück Zahn verlor.
So, dachte Max, jetzt kann kommen, was will.
Ich werde nicht mehr euer Depp sein, und
ich werde mich in Zukunft wehren. Ich lass
das nicht mehr zu, ich will nicht mehr euer
Spielball sein. Max wurde auch zunehmend
aggressiver, schlug um sich und wollte sich
keinesfalls mehr unterordnen.

Deshalb kam es noch brutaler. Max landete
öfters im Krankenhaus, weil sie ihm zu zweit
und zu dritt Schläge gaben. Einmal schlug ihn
ein Pater, es war kurz vor den
Weihnachtsferien, so heftig ins Gesicht, dass
er das Gleichgewicht verlor, nach hinten
stürzte und mit dem Hinterkopf auf einen
Heizkörper aufschlug, stark blutete und
ohnmächtig am Boden liegen blieb. Sie
mussten ihn schnell ins Krankenhaus
bringen, wo die Ärzte ein Schädelhirntrauma
und eine schwere Gehirnerschütterung
feststellten und ihn noch dazu am Hinterkopf

nähen mussten. Er musste auch mehrere
Tage im Krankenhaus verweilen.

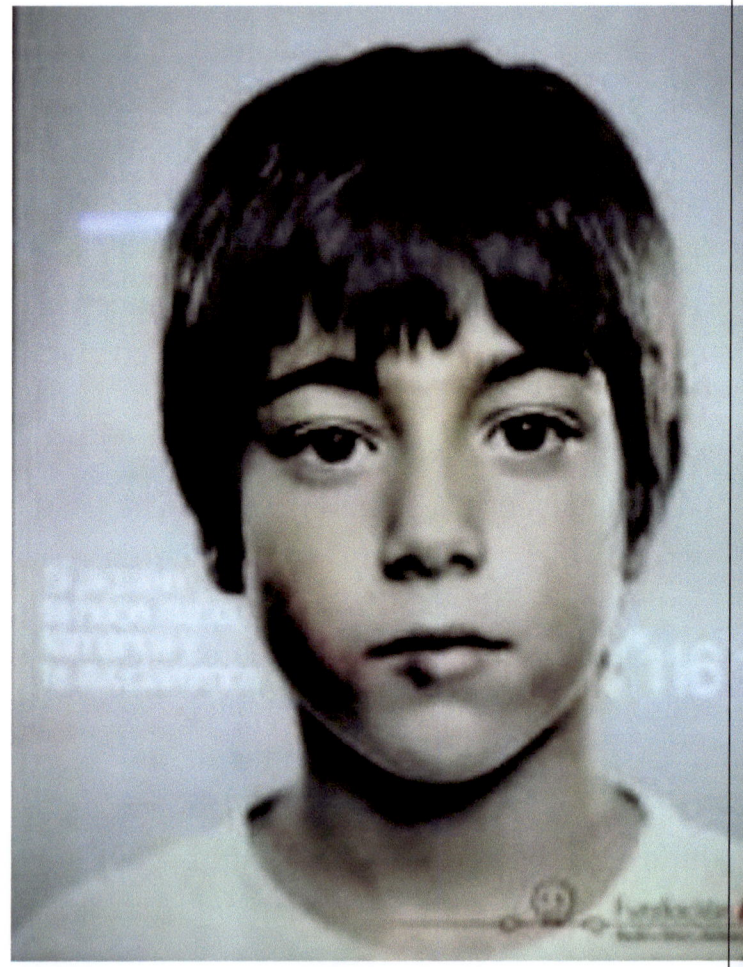

Einer dieser Ärzte fragte den Pater Direktor, wie das passiert sei. Die Antwort war: "Ja, die großen Kinder raufen im Gruppenraum immer. Wir haben ihnen das schon so oft verboten, aber die wollen ja nicht hören, und so musste ja früher oder später etwas Derartiges passieren." Als der Direktor weg war, fragte einer dieser Ärtzte Max, wie das denn passieren konnte. Nur bei einer Rauferei könnten solche Verlezungen nicht zustande kommen, das sei nicht glaubhaft. Wenn die nur wüssten, dachte Max, soll ich vielleicht sagen, wie es im Heim zugeht? Und wenn ich es sage, glauben die mir überhaupt? Nein, ich sage lieber nichts, entschied er für sich. Er dachte nur, auch dieses Schuljahr geht vorbei, dann geht es mir wieder gut bei meiner Familie. Denn der Holerbauer und seine Familie behandelten ihn so, als wäre er eines ihrer eigenen Kinder.

Als Max in den Weihnachtsferien wieder zum Holerbauern kam, fragte ihn der Bauer, warum er am Kopf einen Verband trage. Max antwortete: "Ich bin beim Raufen mit anderen Kindern ganz blöd hingefallen." Er konnte dem Bauern ja schlecht sagen, was wirklich passiert war, denn das hätte sicherlich wieder zu noch mehr Problemen geführt. Der Bauer meinte nur: "Aber du bist doch kein Raufbold, so kenne ich dich doch nicht." Er brachte ihn in den nächsten Tagen auch zum Arzt, um den Verband wechseln zu lassen. Während sie beim Arzt waren, fragte ihn der Bauer nochmals, was wirklich passiert sei, denn er könne einfach nicht glauben, dass so eine Verletzung nur von einer Rauferei herrühre.

Die Weihnachtsferien waren wie immer wunderschön, und er bekam auch viele Geschenke und Süßigkeiten. Nur der Bauer fragte ihn immer wieder, wie es zu diesen Verletzungen gekommen sei, denn er ahnte, dass die Aussage von Max eine Lüge war. Max hätte es ihm am liebsten verraten, aber er sagte es ihm doch nicht, denn die Angst, dass der Bauer ihm nicht glauben würde, war zu groß. Leider hatten sie im Heim erreicht, den Kindern so große Ängste einzujagen, dass diese sich einfach nich mehr trauten, irgendwem die Wahrheit zu sagen. So vergingen auch diese Weihnachtsferien, und Max musste wieder ins Heim zurück.

Er drückte wieder die Schulbank für die restlichen Monate dieses Jahres. Endlich, nach neun langen Monaten und vielen Übergriffen seitens der Pater, durfte er wieder nach Hause zu seinen geliebten Holerbauern. Als die Pater ihn ablieferten, sagten sie zum Bauern, Max hätte das Sparbüchlein nie abgegeben. Er hätte es sicher verloren. Der Bauer meinte nur: "Ja, ja, ist schon gut. Ich werde dem Max schon noch beibringen, dass man mich nicht anlügt. Max schaute den Bauern mit ganz großen Augen an und dachte, ich habe doch nicht gelogen, ich hoffe nur, dass es hier nicht auch noch Strafen gibt. Endlich gingen diese Pater wieder und fuhren mit ihrem alten Karren ins Heim zurück.

Als sie weg waren, sagte der Bauer zum Max: "Lass es sein, ich glaube dir, denn du hast mich noch nie angelogen." Da erinnerte sich Max, dass er den Bauern wegen seiner Kopfverletzung sehr wohl angelogen hatte, und er bereute es sehr. Aber es ging einfach nicht anders. "Ich lass dir ein neues Sparbüchlein machen und behalte es hier, denn du könntest es ja wieder verlieren", meinte er lächelnd. Leider hatte der Holerbauer im Sommer einen Unfall und musste mehrere Wochen im Krankenhaus verbringen.

Max hatte schon im Sommer des Vorjahres Traktor fahren gelernt, und so machte er die ganzen maschinellen Feldarbeiten wie Mähen, Wenden und das Fahren des

Heuladewagens. Zum Kühe melken war auch eine Maschine da, und die Bäuerin und ihre Töchter halfen auch noch mit. In aller Hergottsfrühe brachte Max auch noch die Milch zur Sennerei. So konnten doch die wichtigsten Arbeiten verrichtet werden, und das Futter war in der Scheune. Damals fragte ja niemand, wer mit dem Traktor fahren durfte und wer nicht, die Polizei sah man im Dorf kaum einmal, und wenn sie einmal da waren, drückten sie beide Augen zu.

Als der Bauer vom Krankenhaus nach Hause kam, meinte er zu seiner Frau und lächelte dabei: "Ja, wenn das so ist, dann können wir nächstes Jahr Urlaub machen, denn wir haben einen guten Mann mit dem Max; er macht hier sowieso alles, als wäre er der Bauer". Und zu Max gewendet: "Das hast du richtig gut gemacht, Max! Dafür bekommst du auch eine ordentliche Belohnung." Und Max bekam ein nagelneues Fahrrad und eine gute Entlohnung, die er sofort in das Sparbüchlein einlegte. So wurde auch dieser Sommer ein Feriensommer wie alle zuvor, die er beim Holerbauern und seiner Familie verbringen durfte. Aber auch dieser ging leider zu Ende.

Da kamen sie schon wieder, diese Pater, um ihn abzuholen und ins Heim zu bringen. Sie fragten, ob sich der Max auch ordentlich aufgeführt und nicht wieder gelogen habe. Der Bauer sagte: "Nein, nein, Max war sehr brav und tüchtig und hat gearbeitet wie ein Pferd. Ich wäre froh, wenn der Max zu Weihnachten und im nächsten Sommer wieder kommen könnte, denn ich brauche einen so starken Buben.
Im Heim angekommen, musste er gleich zum Direktor. Der meinte: "Schön, jetzt hast du es endlich begriffen, wer hier das Sagen hat."

Das neue Schuljahr begann, wie das alte aufgehört hatte, aber Max war jetzt dreizehn Jahre alt und ließ sich nichts mehr gefallen.

Wenn die Pater schlugen, schlug er zurück, denn die Strafen dafür waren ihm egal, er verweigerte sie ganz einfach. Auch diese schrecklichen sexuellen Übergriffe ließ er sich nicht mehr gefallen. So ließen sie von ihm und auch von seinen zwei Freunden ab, denn auch diese wurden zunehmends aggressiver und ließen sich nichts mehr gefallen. Ihr erster Gedanke war, die werden jetzt sicher wieder kleinere Kinder sexuell belästigen, denn sie selber wären ihnen schon zu groß und konnten sich – wenngleich nur ein bisschen – wehren, oder sie könnten ja in der Schule etwas ausplaudern: denn ab diesem Jahr besuchten sie den Unterricht in der Stadt und nicht mehr im Heim. Deshalb war es für die Buben nicht mehr so schrecklich, wie in den Jahren zuvor. Endlich durften sie wie die anderen in den Hof zum Spielen, und die Lehrpersonen in der Stadt waren auch viel netter und freundlicher. So schaffte er dieses Schuljahr leichter.

Im Sommer 1969, Max war gerade 14 Jahre alt, durfte er wieder zum Holerbauern, wie schon in den sechs Jahren in den Sommermonaten zuvor. Der Bauer und die Bäuerin mochten ihn sehr. Sie war eine herzensgute Frau, die Max richtig gerne hatte, so als wäre er ihr eigener Sohn. Eines Tages schlug sie ihrem Mann vor: "Der Max kann jetzt, wenn er will, hier bleiben, denn er ist jetzt schon vierzehn Jahre alt und kann, wenn er will, von hier aus in die Schule oder zur Arbeit gehen." "Das ist eine gute Idee", meinte ihr Mann. "Die Pater sind ab jetzt kein Vormund mehr für Max. Ich werde mich um einen Arbeitsplatz für Max bemühen, so werden sie ihn hier lassen müssen." Dann fragte er Max, ob er hier bleiben möchte und ob er in eine höhere Schule gehen oder eine Lehre als Handwerker beginnen möchte. Darauf antwortete Max: "Alles mache ich, was ihr wollt, nur in dieses Heim zurück möchte ich auf keinen Fall mehr." Als die Pater im Herbst wieder kamen, um den Max abzuholen und ihn zurück ins Heim zu bringen, sagte der Bauer: "Nein, der Max bleibt hier. Er ist jetzt vierzehn Jahre alt. Er kann von hier aus in die Lehre gehen, denn wir haben für ihn auch schon einen Arbeitsplatz gefunden. Sein Wunsch ist es, nicht weiter eine Schule besuchen zu müsssen; er möchte arbeiten und durch die Arbeit ein Handwerk erlernen. Er ist ja auch schon alt genug dafür. Ich werde schon ein Auge auf ihn haben sodass er nichts anstellen kann!"

116

Widerwillig verließen die zwei Geistlichen den Hof und sagten: "Wir sehen uns noch, denn mit diesem Burschen werdet ihr nicht lange eure Freude haben." Aber zum Glück für Max sah er sie nie wieder. So war dann Schluss mit dieser Hölle auf Erden, denn Max hatte durch sein neues Zuhause eine Lehrstelle bkommen. So konnte er sich vom Heim verabschieden, deren Verantwortliche ihn so schlecht behandelt hatten. Es war eine innerliche Befreiung, spürte Max.

Im Spätherbst 1969 konnte Max bei seinem Arbeitgeber die Lehre antreten. Es schien ihm wie eine Erlösung, obwohl er von Montag bis Samstag zehn Stunden am Tag für eine schlechte Entlohnung arbeiten musste. Jeden Donnerstag war Berufsschule in einer Stadt, die von seinem neuen Zuhause und seiner Arbeitsstelle hundert Kilometer weit weg war. Deshalb musste er schon um vier Uhr früh aufstehen, damit er mit dem Zug in die Schule fahren konnte, aber es gefiel ihm gut, er fand auch ein paar neue Freunde, die Professoren waren sehr nett, und auf einmal mochte er auch die Schule wieder, die er ganz anders kennengelernt hatte.

Weil der Holerbauer von seinem Arbeitsplatz zu weit weg war, bekam er in einem Lehrlingsheim ein Zimmer. Anfangs wollte er gar nicht dorthin ziehen, denn vom Heim hatte er die Nase voll und genug, aber als der Holerbauer ihm versprach, dass dieses Haus nichts mit dem Heim, in dem er die Pflichtschule besuchte, zu tun hatte, entschied er sich doch, ein Zimmer in diesem Heim zu nehmen, was sich auch sehr zu seinen Gunsten erweisen sollte.

Jetzt endlich schaffte es Max, die Aggressionen in Griff zu bekommen. Er wurde zunehmend freundlicher und konnte wieder mit den Leuten in einem normalen Ton sprechen.

Nach und nach erwachte in Maxens Seele der Wunsch, seine richtigen Eltern kennenzulernen. Ich möchte endlich wissen, wer die sind, die mich einfach im Stich gelassen haben, die sich nicht interessiert haben, ob ich noch lebe und gesund bin, und die mich im Heim nie besucht haben. Die mich wie ein Waisenkind bei diesen teuflischen Leuten gelassen haben.

Max hatte das erste Lehrjahr schon fast zu Ende gebracht. Nun wollte er endlich mit seinem Arbeitgeber Gerhard sprechen und ihm sagen, dass sein größter Wunsch wäre, seine richtigen Eltern kennenzulernen. Der antwortete: "Das ist eine ganz gute Idee, Max. Du musst ja endlich wissen, wer deine Eltern sind. Ich werde dich unterstützen, sie zu suchen. Und wenn wir sie gefunden haben, bekommst du Urlaub sodass du sie besuchen kannst." Sie suchten in allen Richtungen und fanden schließlich tatsächlich den

Aufenthaltsort der Mutter. Gerhard sagte zu Max: "Jetzt kannst du eine Woche Ferien machen und deine Mutter besuchen und kennenlernen, und sobald du zurück kommst, erzählst du mir, wie es dir ergangen ist "

Max ließ sich das nicht zweimal sagen und war am nächsten Morgen, es war ein Sonntag, schon am Bahnhof, um mit dem Zug zu seiner Mutter zu fahren. Es war schon spät am Abend, als er dort ankam, weil er zweimal umsteigen musste, um in diesen abgelegenen Ort zu kommen. Der Hof, in dem seine Mutter wohnte, war aber noch eine Viertelstunde Fußweg entfernt. Seine Mutter diente als Magd auf diesem Hof und wohnte auch dort. Die Knechte und Mägde waren schon im Stall beim Melken, als Max ankam. Er ging natürlich gleich in den Stall zu seiner Mutter, und sie begrüßten sich. Dem Max kam dieses Begrüßen aber sehr kühl vor. Was ist das?, dachte sich Max. Soll das deine Mutter sein? Und er dachte, wie es bei den

Holerbauern gewesen war: Dort begrüßte man sich ganz anders, mit viel Wärme und Freude, nicht so kalt, und das soll deine richtige Mutter sein?, fragte er sich nochmals. Er konnte es fast nicht glauben. Da war auch noch ein kleines Mädchen. "Das ist Ulrike, deine kleine Schwester", sagte seine Mutter. Nach der Stallarbeit sagte die Mutter jetzt gehen wir ins Haus und essen unser Abendbrot und dann kannst du mir alles erzählen wie es dir bis heute so ergangen ist was du jetzt machst und wie du mich ausfindig gemacht hast. Das haus war nicht gerade sehr groß aber es hatte eine wunderschöne getäfelte Stube. Die hatte auch noch einen großen Bauernofen mit einer Ofenbank die war auch nicht übermässig groß aber dafür sehr gemütlich. Sie setzten sich hin und sprachen von diesem und jenem, und irgendwann, Max konnte es nicht fassen, er dachte er habe sich verhört, fragte die Mutter ihn tatsächlich, wie viel Geld er

121

schon auf der Bank habe. "Wie?", entgegnete Max. "Ich habe doch erst zum Arbeiten begonnen und muss zudem noch die Miete für das Zimmer bezahlen. Wie soll ich da schon etwas gespart haben?" "Ist ja auch egal", meinte die Mutter. "Gleich gibt es Abendbrot, und dann gehen wir zu Bett, denn wir müssen sehr früh aufstehen, um in den Stall zu den Kühen zu gehen, sie füttern, melken und den Stall sauber machen."

Am nächsten Morgen weckte ihn der Bauer und rief durch die Tür: "Das Frühstück ist gerichtet. Steh schnell auf, denn wir müssen wegfahren. Deshalb kannst du nicht länger hier bleiben." Max stand geschwind auf, ging in die Küche, in der schon seine Mutter, seine kleine Schwester und der Bauer das Frühstück zu sich nahmen. "Setz dich, Max", sagte die Mutter, "es tut mir leid, dass wir schnell weg müssen. Aber eine Kuh hat sich auf der Alm verletzt, und da müssen wir schnellstens hin. Du kannst ja ein anderes Mal wieder zu uns kommen."

122

Wie, ein anderes Mal?, dachte Max, ich könnte ja hier warten. Jetzt habe ich alles daran gesetzt, meine Mutter zu suchen, und habe sie endlich gefunden, und jetzt soll ich gehen und ein anderes Mal kommen? "Ich möchte aber auch noch gerne wissen, wo mein Vater wohnt." Den Ort hat ihm die Mutter nicht verraten. Sie meinte nur: "Dieser Mensch ist nichts für dich." Max wurde fast zornig, ließ sich aber nichts anmerken. Er dachte nur, jetzt habe ich vom Chef extra Ferien bekommen, damit ich meine Eltern kennenlernen kann, und die Mutter sagt einfach, du kannst mich ja ein anderes Mal besuchen. Max war sehr enttäuscht, aß sein Brot, trank den Kaffee und sagte: "Ja, dann auf Wiedersehen, bis ein anderes Mal, nahm seine Tasche und verließ das Haus, das er so lange gesucht hatte. Hierher komme ich bestimmt nicht mehr so schnell, entschied Max im Stillen.

123

Auf dem Weg zurück in sein Zimmer hätte er am liebsten alles aufgegeben und hingeschmissen, denn er dachte, was habe ich denn all denen getan, dass sie mich alle behandeln wie ein Stück Dreck?

Am nächsten Tag ging er wieder zur Arbeit. Gerhard fragte ihn: "Was machst du denn da? Bist du nicht zu deiner Mutter gefahren? Ich habe dir doch extra Ferien gegeben, dass du sie besuchen und kennenlernen kannst."Max traten Tränen in die Augen. Das merkte sein Chef und fragte: "Was ist denn los?" Max berichtete, wie es ihm bei seiner Mutter ergangen war, da habe er sich gedacht, es wäre besser, er ginge wieder zur Arbeit. Gebhard sagte: "Das ist schrecklich traurig und schade, dass deine Mutter sich nicht für dich Zeit genommen hat, nach all den Jahren, in denen sie dich nicht gesehen hat, und nach der ganzen Zeit, die du aufgewendet hast um sie zu suchen. Aber mach jetzt deine Ferien; du hast sie dir verdient. Bist ein braver Junge, geh und lass es dir ein paar Tage gut gehen. So ging er wieder zu den Holerbauern und half ihnen bei der Arbeit.

125

Max hat seine Mutter in seinem angestauten Zorn lange nicht mehr besucht. Er dachte sich, wenn sie mich nicht sehen will, dann brauche ich sie auch nicht besuchen. Er überlegte, dass sie ja denselben langen Weg hätte, wenn sie ihn sehen wollte. Sie hätte ihm mindestens eine Postkarte schreiben können. Doch Max hat nie eine erhalten, und so konnte Max ihr nicht verzeihen, dass sie ihn bei seinem ersten Besuch so schlecht behandelt hatte. Die Jahre vergingen und Max wuchs von einem ganz verdrossenen Kind zu einem sichtlich starken jungen Mann heran.

Im Jahr 1972 war Max in den Ferien an einem Strand an der Adria. Das war sein erster Meeresaufenthalt, und Max wusste bis dahin nicht einmal, wie ein Meer aussieht. Er ging mit einem Freund in eine Kneipe, um etwas zu trinken; da sollte ihn leider seine schwere Vergangenheit wieder einholen. Diese Kneipe betrat zu seinem Entsetzen ein Pater, der seinen Peinigern sehr ähnlich war, bestellte einen Kaffee und sah immer wieder zu Max und seinem Freund herüber, und irgendwann sagte er: "Zwei so schöne junge Burschen, wie ihr seid, habe ich lange nicht mehr gesehen."

So geschah, was eigentlich nicht geschehen hätte dürfen: Dem Max kam auf einmal seine Kindheit bei den Patern ins Gedächtnis zurück. Er nahm einen Bierkrug, der auf der Theke stand, und schlug ihn dem Pater ins Gesicht. Der Pater taumelte, stolperte und fiel zu Boden, blutüberströmt und schwer verletzt.

"Was machst du denn da?", rief der Freund, "Bist du verrückt? Wie kommst du dazu, einen fremden Menschen so zu schlagen?" Max konnte es sich selbst nicht erklären, wieso er auf einmal so aggressiv geworden war, denn er war seit seinem Abschied vom "Heim" immer freundlich und zuvorkommend gewesen. Da kamen auch

127

schon die Rettung und die Polizei, die nahmen Max mit, brachten ihn in die Haftanstalt, in der er fast drei Monate auf seinen Prozess warten musste und schließlich zu einem Jahr und acht Monaten Haft verurteilt wurde.

Er konnte sich immer noch nicht erklären, wieso er auf einmal dem Pater gegenüber so aggressiv geworden war. Weil er aber in der Haftanstalt gleich die angebotene Arbeit annahm und wegen guter Führung – nach Anfrage um Strafminderung – dem Haftrichter vorgestellt wurde, glaubte ihm der Richter, dass so etwas nicht mehr passieren würde und dass er es schwer bereuen würde. Er erließ Max acht Monate Haft, und so kam er nach zwölf Monaten wieder frei. Allerdings war es schwer, mit diesem Zeugnis wieder eine Arbeit zu finden. Sein früherer Arbeitgeber Gerhard hatte ihn sofort nach dem aggressiven Angriff auf den Pater entlassen. Nun war er bis zum Zeitpunkt der Einberufung zum Heer ohne

Arbeit; er bekam nur sporadisch eine Anstellung, die zwei-drei Monate dauerte. Ansonsten war er arbeitslos.

Nach dem Jahr beim Heeresdienst zog er von seiner gewohnten Umgebung weg, ließ sich in einer Stadt nieder, die weit von seiner Heimat entfernt war, damit ihn keiner erkennen würde. Er suchte sich eine Bleibe und eine Arbeit, die er auch gleich als Kraftfahrer bekam und die ihm sehr gut gefiel, und so wollte er da auch für immer bleiben.

Es vergingen wieder drei Jahre. Alles war in bester Ordnung, die Arbeit als Kraftfahrer gefiel ihm gut, aber etwas fehlte ihm, er hatte Heimweh nach seinen Holerbauern. So entschied er sich, seine Arbeit und die Wohnung zu kündigen und alles andere hinter sich zu lassen und wieder in seine Heimat zurückzukehren. Wieder in der Heimat, fand er gleich eine Arbeit, denn er hatte von seinem alten Arbeitgeber ein gutes Zeugnis bekommen. Er suchte sich eine Bleibe und fand die auch gleich Allerdings bestand diese Bleibe nur aus einem Zimmer mit Dusche, aber er hatte wieder Fuß gefasst.

Eines Samstags war er wieder einmal in seiner Stammkneipe, die er gerne und öfters besuchte, weil die Besitzerin für ihn die Wohnung gefunden hatte, in der er jetzt wohnte. Dort war auch eine neue Servierin angestellt worden. Sie gefiel ihm so gut, dass er sie gleich fragen musste, ob sie mit ihm am Abend ausgehen würde. Sie sagte ein bisschen schüchtern: "Ich weiß nicht", worauf ihre Chefin sofort einhakte: "Geh nur, das ist so ein netter Mann, so einen bekommst du nicht mehr so schnell." So lernte er seine spätere Frau kennen und lieben.

Damit fing das vorletzte Kapitel seines bisherigen Lebens an, denn schon nach ein paar Monaten hatten Max und Lara, so hieß die Freundin, das Aufgebot zu ihrer Hochzeit bestellt.

Max und Lara heirateten, gingen beide einer Arbeit nach und waren, obwohl das Geld nicht gerade immer genug war, glücklich,. Nach vier Jahren hatten sie schon drei Kinder. Leider ist der erste Sohn mit einem großen Herzfehler auf die Welt gekommen und musste immer wieder in die Klinik. Das war eine sehr große Belastung für beide, denn Max musste immer wieder in die Klinik zu seinem Sohn fahren; deshalb verlor er auch den Arbeitsplatz und musste sich immer wieder eine neue Anstellung suchen.

In diesem Jahren musste Max noch einmal eine sehr schlechte Nachricht verkraften. Er erfuhr, dass sein bester Schulfreund, der Jürgen, sich mit 27 Jahren das Leben genommen hatte. Leider konnte ihm niemand helfen, obwohl er seinen Entschluss angekündigt hatte. Der freiwillige Tod von

131

Jürgen war für Max ein sehr herber Rückschlag. Ungefähr zehn Jahre später war es dann noch einmal soweit, auch sein Schulfreund Klaus hatte sich mit 36 Jahren das Leben genommen. Diese Nachrichten waren für Max erdrückend, und er hat sich beide Male ganz fest an seine Familie binden müssen, um nicht auch noch abzustürzen und seinem Leben ein Ende zu machen. Max hat seinen beiden Freunden jahrelang im Stillen nachgetrauert – und tut das auch heute noch – obwohl inzwischen viel Zeit vergangen und Vieles passiert ist. Aber es waren seine besten und einzigen Freunde: sie waren mit ihm den ganzen schrecklichen Leidensweg gegangen.

Max dachte, dass jetzt die Zeit gekommen sei, dass seine Frau zuhause bei den Kindern bleiben müsse, denn seine Kinder müssten wissen, wo ihr Zuhause ist, das Geld zum Leben würde er schon verdienen; er wollte keinesfalls, dass seine Kinder ein Leben wie er selbst mitmachen müssten, und so wie er keine Eltern hätten, die sich für sie verantwortlich fühlten, wenn sie Hilfe brauchten. Sie sollten in einem behüteten Nest aufwachsen, wo sie sich wohlfühlen konnten. So war es dann auch: die Kinder fühlten sich wohl, Maxens Frau blieb zuhause, und Max schuftete sich ab, was er auch gerne in Kauf nahm. Im Sommer durften seine Kinder mit der Mama sogar mehrere Wochen zur Erholung ans Meer. Max hatte einen Wohnwagen gekauft und ihn für die Familie in einen Campingplatz direkt am Meer gestellt. Nach den drei Kindern wollten Max und Lara eigentlich keine mehr, aber es kam anders als gewollt: sie bekamen nach sieben Jahren noch eine Tochter. Sie war für alle das Nesthäkchen. So vergingen die Jahre: Max schuftete sich krumm, bis er nicht mehr konnte, und sich mehreren Operationen unterziehen musste. Leider kam es bei diesen Eingriffen zu Komplikationen und Max erlahmte auf der linken Seite zunehmend und konnte auch nicht mehr arbeiten. Deshalb wurde er in eine Spezialklinik eingewiesen, wo er noch mehrere Operationen durchstehen musste. Es war eine sehr harte Zeit für ihn, denn die Schmerzen wurden immer unerträglicher, bis er mit den Nerven am Boden war und an Selbstmord dachte. Nach der vierten Operation wurden die Lähmungen schwächer, aber der Schmerz blieb.

Da kamen auf einmal diese Träume wieder, die er nicht deuten konnte, die ihn aber nicht schlafen ließen. Die Träume brachten Max zurück in den kleinen Max, und das war fürchterlich und so wirklichkeitsnah, dass er sich eine psychologische Hilfe suchen musste. Diese bekam auch von einer Psychologin, die ihn alsbald einem Psychiater vorstellte. Der veranlasste, dass Max in in ein Therapiezentrum eingewiesen wurde. In diesem Zentrum durfte Max längere Zeit verbringen. Die Therapien taten ihm sehr wohl. Die Gespräche mit den Psychologen dort halfen ihm, seine Erinnerungen zu verarbeiten. Obwohl es ihm sehr schwer fiel, versuchte er, das Beste daraus zu machen. Seine Träume kann er heute noch nicht abstellen, so sind die Nächte für ihn immer noch lang und grauenvoll.

Heute ist Max Invalide und lebt mit seiner Frau, die er immer noch so wie am ersten Tag liebt, in der Wohnung, in der er und seine Frau die Kinder so liebevoll aufgezogen haben. Die Kinder sind schon alle ausgezogen, haben ein eigenes Leben, aber sie lieben ihre Eltern sehr und besuchen sie fast jeden Tag um zu wissen, wie es ihnen geht.Max hat sich auch schon entschieden, dass er vielleicht noch einmal in das Zentrum gehen wird, das ihm so geholfen hat, um die Therapie weiterzumachen, denn er hat eingesehen, dass es ohne psychologische Betreuung nicht geht, jedenfalls wird er mit seinen Psychologen die Therapie zur

Verarbeitung seines Problems, für das leider seelisch kranke Menschen verantwortlich sind, fortsetzen.

137

Sie hatten keine Tränen mehr! Heute hat Max wieder Tränen in den Augen, denn es tut verdammt weh, wenn er an das Erlittene zurückdenkt,und er hofft, dass keine anderen Kinder solche schrecklichen Ereignisse erlebt haben oder mitmachen müssen.

Nach einer wahren Begebenheit, Namen und Orte wurden bewusst zum Schutze der betroffenen Personen geändert.
Etwaige zufällige gleichnisse mit Personen, Namen oder Orte bitte ich zu entschuldigen.
Die im Buch befindlichen Fotos sind aus dem Internet und sollten nur zur Verwirklichung des Buches selbst dienen und haben nichts mit den im Buch beschriebenen Ereignissen zu tun.

Nacherzählt und geschrieben von: Gamper Heinz

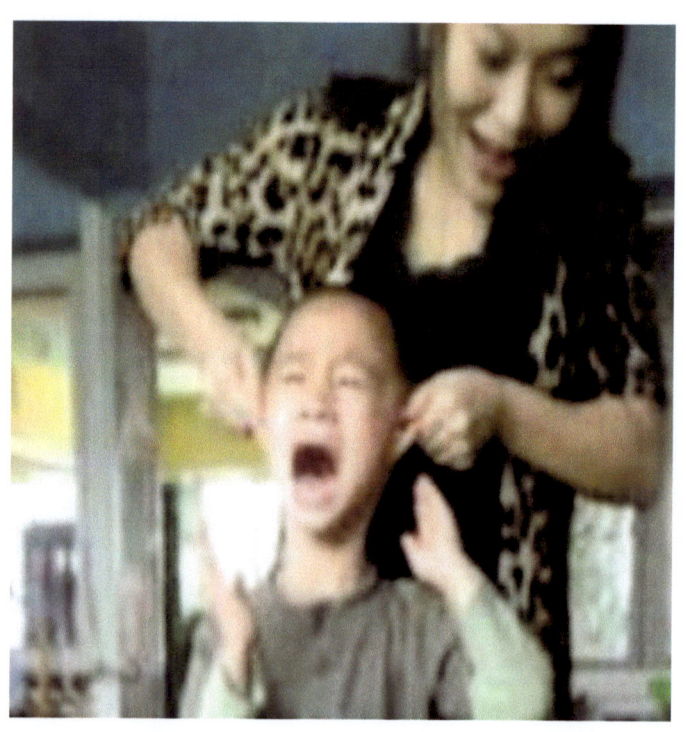

DU
MUSST!!

Du gehörst uns

DU BIST BÖSE

Du musst alles machen, was wir
wollen

Du musst froh sein, dass du uns
hast

DU MUSST JETZT MIT UNS
SPIELEN

Zieh dich aus und spiel mit uns

Mach es einfach

DU BIST EIN NICHTS

Dich will sonst auch niemand
haben

Tue, was ich dir sage

WILLST DU EINE STRAFE

Willst du noch schlechtere Noten

DU KANNST ABER SCHON
GAR NICHTS

Sei still

Sage nichts

Es ist alles deine Schuld

Es ist alles meine Schuld

Ich werde geschlagen

Ich werde erpresst

Ich bin ein böses Kind

ICH BIN AN ALLEM SCHULD

Ich bin traurig

Ich kann nicht weinen

ICH BIN WERTLOS

ICH HASSE EUCH

Ich bin ein Taugenichts

Ich kann so nicht weiterleben

ICH MÖCHTE STERBEN

Mein Herz zerbricht

Meine Seele kann nicht mehr lieben

Meine Seele kann nicht mehr weinen

Mein Verstand sagt, es ist falsch

Niemand will mich

Wieso??

WAS HABE ICH DENEN NUR GETAN??

All diese Wörter und noch schlimmere die Max alle Tage hören musste

möchte kein Kind dieser Welt hören!

Man darf es damit nicht in der Seele töten!!!

Denn Kinder sind unsere Zukunft und

deshalb mit allen uns zu Verfügung

stehenden Mittel zu Schützen.

Herstellung und Verlag:
BoD - Books on Demand, Norderstedt
ISBN 978-3-7412-0596-6